Moeti Bosigo - Der zur Nacht kam
Leben und Werk Dieter Maschers
Herausgegeben von Nina Dürr, Hermannsburg und
Christel Lerato Hermann, Mafikeng, Südafrika.
(c) 2018: N. Dürr/C. Hermann

Coverdesign, Layout und Satz:
Christian Störmer, Hermannsburg, *www.plusc.eu*

Coverdesign unter Verwendung der Karte „The Times - Map of Tribes",
1972, Kartografie von John Bartholomew & Son Ltd., mit Beiträgen von
Roy Lewis und Yvonne Foy, via Library of Congress, G8201.E1 1972 .L4

Gesetzt aus den freien Schriften Linux Libertine,
Open Sans und Sketch Rockwell

Herstellung und Verlag: Books on Demand (BoD), Norderstedt
ISBN: 978 3 748 119 944

Inhalt

Vorwort

Dieses Buch enthält Texte von Missionar Dieter Mascher (1937-2015), die er zusammengestellt und als Datei hinterlassen hat mit dem ausdrücklichen Wunsch, dass sie veröffentlicht werden. Dieter Mascher hat über fünfzig Jahre unter den Tswanas im Nordwesten Südafrikas gelebt, hat ihre Sprache nicht nur fließend gesprochen, sondern auch über dreißig Jahre gelehrt.

1964 wurde er von der Hermannsburger Mission in das von der Apartheid gezeichnete Südafrika ausgesandt. Er lernte zusammen mit seiner Frau Maria Mascher Tswana an der Witwatersrand Universität bei Professor D. T. Cole. Dieser wissenschaftlich orientierte Sprachunterricht legte die Grundlage für Dieter Maschers Tswanakurs.

Dieter Mascher war kein Wissenschaftler, aber er war gut informiert, belesen und teilte gern seine Gedanken und Einsichten mit anderen. Er hat viele Vorträge gehalten, die in diesem Buch festgehalten sind. Sein Spezialgebiet war die Sprachenpolitik in Afrika. Wie unterichtet man eine strukturfremde Sprache? Welche Förderung von muttersprachlichem Unterricht in Südafrika/Afrika ist nötig?
Das alles eignete er sich neben seiner Arbeit als Pastor, Superintendent und Bischofsvertreter in der ELCSA an. Das war nur möglich, weil Maria ihm viel Arbeit abgenommen hat. Sie hielt Konfirmandenunterricht und sorgte für die Familie, unterrichtete Sprachschüler und -schülerinnen. Das ist im Brief ihres Sohnes Konstantin beschrieben (Text 10). Dieser Brief drückt in schöner Weise aus, was Maria ihren Söhnen auf den Weg mitgegeben hat.

Beide, Maria und Dieter, gehörten zur Koinonia, in der großen Wert darauf gelegte wurde, die Sprache der Menschen so gut wie möglich zu lernen. Dieter entwickelte eine Didaktik für die Tswana-Tonregeln, diese Tonregeln zu vermittteln. Bis dahin galt die Meinung: Ausländer können Tswana niemals richtig lernen. Dieter war einer der Ersten, der das widerlegte. Als er 1979 erstmals Missionare der Hermannsburger Mission in Tswana unterrichtete, begann er systematisch einen Kurs zu entwickeln, an dem er bis kurz vor seinem Tod gearbeitet hat.
Dieter war Missionar, nicht Sprachlehrer, aber er merkte bald, welch große Rolle das Erlernen und Beherrschen einer afrikanischen Sprache im Miteinander zwischen den Rassen und Kulturen spielt. Die Sprache schließt das Herz der Menschen auf. Das Sprechen einer afrikanischen Sprache in einem Land, das von Trennung, Rassismus und Verachtung gezeichnet war, ermöglichte ein Miteinander auf Augenhöhe. Bis heute ist das eine der schönsten Erfahrungen, die Weiße in Südafrika machen können, wenn sie

eine afrikanische Sprache lernen: Ich werde zum Menschen, ich bin nicht mehr „die oder der Weiße", wenn ich Tswana spreche. Ein lustiges Erlebnis in unserem Montessorikindergarten war folgendes: Ein Kind kommt zu mir, schaut mich von der Seite an und fragt mich: „Mme Lerato (das ist mein Tswananame), bist du eine „lekgoa" (das ist ein abwertendes Wort für Weiße)?" Ich frage zurück: „Denkst du, dass ich eine „lekgoa" bin?" Das Kind schüttelt den Kopf: „Nein, du sprichst doch wie wir, nein, du bist keine „lekgoa".

Mehrere Texte in diesem Buch beschäftigen sich mit dem Thema Sprache oder damit, wie eine afrikanische Sprache gelernt werden sollte. Einige sind geschrieben von ehemaligen Sprachschülern und -schülerinnen, die bei Dieter Tswana gelernt haben. Das sind die Texte 4a von Frau Prof. Zerbian, Text 5 von Angelika Krug, Text 6a von Wolfgang Hermann, Text 12 von Pastor I. Motswasele, Text 13 von Christoph Zöller und Text 14 von Undine Rauter. Dieter Maschers (Anliegen) Gedanken über die Bedeutung des Lernens und Lehrens von afrikanischen Sprachen kommt in den Texten 4 und 4.1 zum Ausdruck.

Ein zweites großes Anliegen von Dieter war es, die Laien in der Kirche zu stärken und zuzurüsten. Das hat er aus der Evangelischen Jugendarbeit im Sprengel Göttingen mitgebracht und in Afrika fortgesetzt. Mündige Christen im Sinne des "Priestertums aller Gläubigen" brauchen Gebet, geistliche Impulse und Zeiten der Zurückgezogenheit. Die Texte zum Thema Gebet und die Texte über den Laienmissionar thematisieren dieses Anliegen.

Die Texte 2 („Missionstrategien-Perspektiven aus der Geschichte") und 3 („Sol Tshekisho Plaatje")zeigen, wie Dieter Mascher die Missionsgeschichte und deren Folgen mit der heutigen kirchlichen Arbeit und den gegenwärtigen gesellschaftlichen Herausforderungen verknüpft hat.

Einige Artikel sind ursprünglich Reden von Freunden, die bei der Trauerfeier in der Corvinuskirche in Göttingen am 21.11.2015 gehalten wurden.

Text 12 wurde von Pastor I. Motswasele geschrieben, einem Kollegen von Dieter Mascher, der ihn seit seiner Ankunft in Südafrika (1964) kannte und mit ihm im Gespräch geblieben ist über all die Jahre. Er schildert Dieter Mascher aus der Sicht der Tswanas. Dieter hatte viele Spitznamen, einer davon erscheint im Buchtitel und auch im Beitrag von Pastor I. Motswasele: „moetabosigo", der nächtliche Besucher. Kulturell sind Besuche in der Dunkelheit nicht üblich. Dieter Mascher hatte als Pastor/Missionar hohes Ansehen bei seinen Kollegen und Kolleginnen und bei Gemeinden und Kirchenvorständen. Wenn er abends kam, wurde das akzeptiert, dennoch zeigt der Spitzname „moeta bosigo (der, zur Nacht kam), dass es für die Tswanas etwas Kurioses war.

Die Beiträge von Dieter Mascher in diesem Buch wurden über einen Zeitraum von vierzig Jahren geschrieben, in dem Südafrika, die Kirche und die Sprache sich gewandelt haben. Die vorliegenden Texte wurden weitgehend im Original belassen; nur bei missverständlichen Formulierungen wurden Veränderungen vorgenommen, einige Sätze wurden sprachlich geglättet.

Wir danken allen Autoren und Autorinnen, die zu diesem Buch beigetragen haben. Wir danken den Söhnen von Maschers: Peter, Alexander, Gregor und Konstantin, die uns die Dateien von Dieter großzügig überlassen haben. Wir danken den Lektoren: Stefan Liebner , Stefan Drößler und Hans-Georg Kelterborn. Für das Layout und die Druckvorbereitungen danken wir Christian Störmer. Die Fotos erhielten wir freundlicherweise von Brigitte Baumann, Peter Mascher und Elena Bokelmann.

Gedankt sei ebenso der Koinonia (Epiphaniaskreis, Blaue Koinonia, Communität Koinonia und Geschwisterschaft Koinonia), die durch Spenden dieses Buch ermöglicht haben.

Christel Hermann

Nina Dürr

Geb: 10.09.1945

Ausbildung zur Erzieherin, Studium zum Lehramt an Grund- und Hauptschulen, verheiratet seit 1968 mit Ekkehard Dürr. Sie haben zwei Söhne.

Seit 1978 sind Dürrs Mitglieder der Communität Koinonia.

Sie arbeitete 1 1/4 Jahre als Lehrerin in Äthiopien, später Mitarbeit im Ev. Luth. Missionswerk in Niedersachsen als Referentin für Frauen in der Ökumene mit vielen Reisen in die Frauenarbeit der Partnerkirchen (Schwerpunkt Afrika).

Viele eindrucksvolle Begegnungen mit Maria und Dieter Mascher in Südafrika und bei Deutschlandaufenthalten

Anmerkungen:

Bei der Verwendung des Volksnamens „Tswana" haben wir weitgehend darauf verzichtet, die spracheigenen Vorsilben (se-, mo-, ba-) zu verwenden. Singular und Plural ergeben sich aus dem Kontext. In einigen Texten wird das Wort Setswana verwendet, was die Sprache der Tswanas meint. Moruti ist die Bezeichnung für einen Pastor im Tswana.

Seit der Wende in Südafrika (1994) haben sich viele Ortsnamen verändert. Mafikeng heisst heute Mahikeng. Südafrika hat insgesamt neun Provinzen. North West ist die Provinz, in der Maschers die längste Zeit gelebt und gearbeitet haben. In manchen Texten, die aus den siebziger Jahren stammen, wird die alte Bezeichnung „Transvaal" benutzt, die heute nicht mehr existiert.

Wie oben schon erwähnt, stammen etliche Beiträge in diesem Buch aus den siebziger/achtziger Jahren und enthalten Formulierungen, die der heutigen geschlechtergerechten Sprache nicht entsprechen. Wir haben die Sprache angepasst. Wo das nicht geschehen ist, gilt: Alle Personen- und Funktionsbezeichnungen, die in der männlichen Form verwendet werden, gelten sinngemäß auch in der weiblichen Form.

Das Titelbild zeigt eine Karte, die 1972 in THE TIMES erschienen ist. Sie bildet eindrucksvoll die Vielzahl der Sprachgruppen Afrikas ab.

Die Herausgeberinnen

Christel Lerato Hermann

Jahrgang 1954, gehört seit 1979 zur Communität Koinonia und lebt seit 1987 in Südafrika. Sie ist verheiratet mit Wolfgang Hermann, sie haben zwei Kinder.

1988 hat sie für ein Jahr bei Maschers gelebt und bei Dieter Mascher Tswana gelernt. Sie hat eine Ausbildung als Lehrerin fürs Gymnasium, hat sieben Jahre als Studienrätin in Stadthagen gearbeitet. Vier Jahre hat sie im damaligen homeland Bophuthatswana unterrichtet.

Seit 2002 arbeitet sie mit in der NPO Tsibogang Christian Action Group. Zur Zeit ist sie verantwortlich für die beiden Montessori Kindergärten und deren fünf Mitarbeiterinnen.

Gebet[1]
Dieter Mascher, 1964

Einerseits: Der Versuch ist bedenklich, über das Gebet ein Referat zu halten. Mit einem Referat ist es nicht getan: Die Kraftfrage kann nicht gelöst werden. Selbst wenn ein prima Referat gehalten würde, wäre es nicht selbstverständlich, dass nun mehr gebetet würde. Das Gebet ist eine intime Handlung. Man kann darüber nicht reden, wie über andere Dinge.

Andererseits: Warum sollen wir bei der Themenwahl wie die Katze um den heißen Brei herumgehen? Bei diesem Thema sind wir ziemlich nahe am Zentrum des ganzen Glaubens und damit auch am Zentrum unserer persönlichen Schwierigkeiten. Auch gibt es viel zu lernen über die großen Verheißungen für das Beten und auch über manche praktische Gebetshilfe. Nur müssen wir wissen, dass wir der Kraftlosigkeit mit Worten nicht beikommen, sondern es wäre gut, wenn heute gute Vorsätze, die wir einmal hatten, bekräftigt würden oder neu gefasst würden, und wenn wir durch die Art unserer Nacharbeit uns im nächsten halben Jahr in Kreisen der Mitarbeitenden und Gemeindegruppen auf das Thema Gebet konzentrierten.

I. Was ist das Gebet?

An den Anfang wollen wir das Doppelgebot Jesu stellen: „Du sollst den Herrn, deinen Gott, lieben von ganzem Herzen, von ganzer Seele und von ganzem Gemüt. Dies ist das höchste und erste Gebot. Das andere aber ist dem gleich: Du sollst deinen Nächsten lieben wie dich selbst."[2] Was mit Nächstenliebe gemeint ist, wissen wir; doch wie sollen wir Gott lieben? Die Nächstenliebe ist ja nicht schon die hier geforderte Liebe zu Gott. Die Antwort heißt: Die direkteste Form der Gottesliebe ist das Gebet, und zwar besonders die Formen Anbetung und Lob. Das Gebet steht also im Mittelpunkt unseres Glaubenslebens. Aber warum und wozu beten wir eigentlich? Gott beschenkt doch die Guten und die Bösen in gleicher Weise, ohne dass darum gebetet worden wäre.[3] Auch weiß Gott besser, was wir brauchen.
Warum sollten wir dann dennoch beten?

- Um die Verbindung zu Gott aufrechtzuerhalten,
- um für besondere Schwierigkeiten Gottes Hilfe zu erbitten,
- um im Gebet über Gottes Absichten und Willen Klarheit zu bekommen,
- um Kraft für den Alltag zu bekommen,
- um für andere zu bitten,

---

1 Nach dem Protokoll des 15. Sprengeltreffens der Evangelischen Jugend im Sprengel Göttingen vom 11./12. April 1964.
2 Matthäus 22,37-39.
3 Vgl. Matthäus 5,45.

- um Gott zu danken oder zu preisen
- oder einfach, weil Jesus das so geboten hat.

Diese letzte einfache Antwort ist erst einmal wichtig: Wir ehren Gott, wenn wir beten, und wir beleidigen ihn, wenn wir es nicht tun. So verschieden das Gebetsziel und die Form des Gebets auch sein können: es gehört zum Glauben, dass wir im Gebet direkt mit Gott in Verbindung treten.

Für das Beten sind große Verheißungen gegeben: „Alles, was ihr bittet im Gebet: so ihr glaubt, werdet ihr's empfangen."[4] und „Wenn wir um etwas bitten nach seinem Willen, so hört er uns. Und wenn wir wissen, dass er uns hört, worum wir auch bitten, so wissen wir, dass wir erhalten, was wir von ihm erbeten haben."[5] Diese Verheißungen möchten wir erlangen.

Redet Gott auch im Gebet zu uns? Das ist jedenfalls nicht die Selbstverständlichkeit. Die Regel ist, dass Gott in der Bibel zu uns redet, und dass wir im Gebet darauf antworten. Wenn wir meinen, eine direkte Eingebung von Gott erhalten zu haben, so muss sie gründlich am Maßstab der Bibel geprüft werden, ehe sie für uns verbindlich wird.

II. Die Lage und drei Verbesserungsvorschläge

A) Das Gebet steht in der Jugendarbeit oft nicht im Zentrum. Wie die Bibelarbeit rutscht es oft an den Rand des Abends. Man bereitet sich nicht darauf vor wie auf eine Bibelarbeit oder ein Missionsreferat. Manchmal hämmert der Kreisleiter seinen Leuten das noch ein, was in der Bibelarbeit zu kurz kam (als „Fortsetzung der Bibelarbeit mit anderen Mitteln"). Das würde anders, wenn wir uns auf das Gebet auch vorbereiten und darin zu Gott sprächen und nicht zu Menschen.

B) Manchmal werden in der Gebetsgemeinschaft Neuigkeiten zum Besten gegeben, was auch nicht Sinn des Gebets ist. Wenn Angriffe gegen die Gebetsgemeinschaft bzw. das frei gesprochene Gebet berechtigt sind, dann sind sie es nur hier! Jesu Anweisung „Sorgt nicht, wie oder was ihr reden sollt; denn es wird euch zu der Stunde gegeben werden, was ihr reden sollt."[6] setzt ja eigentlich voraus, dass man sich vor dem Gebet schon besprochen hat. Diese Besprechung sollten wir nicht überspringen.

C) Im persönlichen Leben der Mitarbeitenden sind eine Verschiebung des Gebets hin zur einseitigen Fürbitte und auch ein allgemeiner Schwund der persönlichen Andacht zu verzeichnen. Den Mitarbeitenden ist meist das Herz so voll von Anliegen, dass Dank und Lob verschwinden und das Gebet

---

4   *Matthäus 21,22.*
5   *1. Johannes 5,14+15.*
6   *Matthäus 10,19.*

zur reinen Fürbitte wird. Besonders hilfreich bei der Fürbitte ist eine Fürbittenliste. Man kann oft sehen, wie Gott Bitten erfüllt. Fürbitte ist tatsächlich auch das Beste, was wir für unseren Kreis tun können. Sie hat mehr Wert als viele Mühe und Sorge, die man sich macht. „Bittet, so wird euch gegeben". Aber: Die bloße Fürbitte erweist sich als ein sicherer Weg zur Überlastung. Das sieht so aus: Wenn ein Mitarbeiter nicht mehr alles schafft, so bringt er den Rest in der Fürbitte vor Gott. Durch die Fürbitte wird er aber so intensiv an die Dinge herangeführt, die er nicht mehr schaffte, dass er sich meist in kurzer Zeit doch daranmacht. Der Erfolg ist, dass die Belastung zunimmt. Etwas anderes als Gott steht im Mittelpunkt: Der Jugendkreis, der Sprengel, die Kirche werden zu Götzen erhoben. Wer vor der Alternative steht, entweder zu Gott zu reden oder seinen Jugendkreis vorzubereiten, wählt dann meistens den Jugendkreis. Die Andacht stirbt ab; das Reden wird oberflächlicher. Wie oft beschäftigt sich unser Geist in der Fürbitte nur mit den Problemen und Nöten. Wenn wir müde sind, sausen uns die Gedanken einfach weg. Es ist bei der Fürbitte besonders schwer, mit den Gedanken bei Gott zu bleiben. Wir kommen hier weiter, *wenn wir dem Gebet, das Gott und sein Wort betrachtet, den Vorrang geben vor dem Gebet, das den Menschen und seine Not betrachtet.* In unserer Andacht muss Gott wieder wichtig werden, das heißt, wir müssen wieder auf den Text hören. Alles andere, auch der Kreis und seine Probleme, können aus der Andacht verschwinden. In der persönlichen Andacht soll man sich richtig an Gott wenden, auf sein Wort im Text antworten, zu Gott reden - wenigstens einmal am Tag! Die drei ersten Bitten des Vaterunsers beschäftigen sich nur mit Gott. Die menschliche Not kommt erst danach. Damit ist die Fürbitte in keiner Weise abgewertet! Sie soll im Gegenteil zusammen mit dem Durchdenken des Tagesplans und der Probleme das Zentrum unserer Mitarbeit und der Jugendarbeit sein, die damit steht und fällt. Die Gebetsverheißungen beziehen sich ja weithin auf die Fürbitte. Aber Mitarbeit und persönliche Andacht sollen klarer getrennt werden.

III. Einige Ratschläge für die persönliche Andacht

Persönliche Andacht heißt: Einmal am Tag sich zurückziehen und allein vor Gott treten und ihn allein wichtig sein lassen, ehe wir uns an den Dienst für ihn machen (Fürbitte, Mitarbeit, Beruf). Wer das möchte, der wird oft mit Konzentrationsschwierigkeiten zu kämpfen haben. Wir wollen aber die Andacht so wichtig nehmen, wie sie ist. Wenn es stimmt, dass es in der Andacht um die Ehre Gottes geht, so können wir als Christinnen und Christen eine große Sünde am Tag begehen, hinter der alle anderen Sünden zurückstehen: dass wir nämlich Gott diese Ehre nicht geben. Das sollen wir auch beachten, wenn wir Jüngere seelsorgerisch beraten. Viele Sünden sind geringfügig gegen diese. Weil die Andacht heute so schwer fällt, müssen der zuständige

Seelsorger oder die Seelsorgerin bei jedem individuell Rat schaffen, und auf die persönlichen Nöte eingehen. Auch in der Beichte wollen wir vor allem das büßen, dass wir uns dem Herrn gegenüber vieles erlauben, was wir uns Menschen gegenüber nicht erlauben würden: dass wir ihn wie eine Puppe stehen lassen. Die Andacht darf nicht von der eigenen Lust und Laune abhängig gemacht werden. Wir müssen in der Andacht regelmäßig, pünktlich und treu sein. Wer das nicht einsieht, ist wahrscheinlich auch nicht der richtige Mann oder die richtige Frau, um einen Kreis zu leiten.

Wir wollen die Andacht gut vorbereiten. Dazu gehört es, dass ich vor der Andacht den Text, die Dauer und den Ablauf der Andacht weiß:

Der Text
Zur Andacht eignen sich besonders gut Texte aus den Evangelien. Ein Text mit starkem bildlichem Ausdruck erleichtert die Andacht; zum Beispiel Texte aus dem Matthäusevangelium.[7]

Es hat wenig Sinn, sich jeden Tag oder sogar mehrmals am Tag „unter einen neuen Bibeltext zu stellen", denn man kann schwerlich auf einmal in zehn verschiedene Richtungen gehorsam sein. Lieber soll man sich eine längere Zeit mit einem Text beschäftigen, um wenigstens an einer Stelle einen Text mal richtig ausgeführt zu haben. Die vielen Texte erziehen ja geradezu zur Oberflächlichkeit. Es wird deshalb vorgeschlagen, die Texte, die auch der eigene Seelsorger für wichtig hält, wöchentlich wieder vorzunehmen, also Text A am Montag, Text B am Dienstag usw., und das mehrere Wochen. Auch ist die Konzentration auf einen Gedanken des Textes und auf ein paar Verse gehaltvoller als das Durchgehen eines längeren Textes, das dann nicht anders als flüchtig sein kann (Die Texte in den Losungsheften sind in der Regel viel zu lang).

Die Dauer
Die Andacht sollte nicht kürzer als eine halbe Stunde sein. Gerade Menschen, die erst damit beginnen, sollten sich streng daran halten. Wenn wir lahm und lustlos sind, sollten wir nicht nur mühsam die 30 Minuten erfüllen, sondern die Zeit der Andacht noch verlängern und so die Verteidigung in einen Angriff verwandeln. Diese feste Ordnung zahlt sich sehr bald positiv aus.

---

7   Vgl. Matthäus 3,7-10 / 4,1-11 / 5,13+14 / 6,19-21 / 8,18-22/ 10,1-8 / 11,25-30 / 12,22-30 / 13,44-45 / 14,22-33 / 17,14-21 / 19,16-26 / 20,20-28 / 21,18-22 / 24,37-44 / 26,6-13 + 26,36-46.

Die Andacht sollte nach Möglichkeit immer zur gleichen Tageszeit stattfinden. Bald stellt man sich und der Körper darauf ein. Am leichtesten geht die Andacht morgens. Sie ist dann weniger von der Laune, plötzlichen Hindernissen und der Belastung durch ständiges Verschieben gefährdet. Gerade wer damit beginnt, sollte sie, wenn irgend möglich (und das ist es bei den meisten), morgens halten.

Viele schlafen bei der Andacht ein. Das Schlafbedürfnis ist von Hause aus keine Sünde, sondern eine natürliche Reaktion des Körpers. Es hat aber in der Nacht seinen Platz. Wer den ganzen Tag über gähnend herumläuft und mit Kaffee und Tabletten seine Augen offen halten muss, der zeigt damit allen seine schlechte Lebenskunst. Ständiges Wachhalten trotz ständiger Übermüdung ist eine Vergewaltigung seines eigenen Körpers. Da hilft auch nicht, einmal pro Woche bis an den Mittagstisch zu schlafen, sondern nur eine bessere Organisation des Lebens. Wessen Andacht nicht zufriedenstellend ist, sollte nicht mit Schuldkomplexen kapitulieren, sondern vielleicht hier die Ursachen sehen.

Für alle Anfängerinnen und Anfänger in der persönlichen Andacht gilt unbedingt: Der Weg geht von den kleinen Schritten zu den größeren und nicht umgekehrt. Das ist vom organischen Wachstum her so angelegt. Wer gleich die radikalste Form verwirklichen will, wird sicher als erster scheitern.

Man sollte einen älteren vertrauenswürdigen Mitarbeiter oder Mitarbeiterin (zum Beispiel den Menschen, der mich in der Seelsorge begleitet) davon unterrichten, dass und wie man jetzt Andacht halten will, ihm regelmäßig davon berichten und sich ohne weiteres von ihm danach fragen lassen.

Der Ablauf der Andacht

Zu Beginn wenden wir uns von allem ab, was uns stören will. Es soll nichts, auch nicht das eigene Schuldbewusstsein, lauter sein als Gottes Wort, mein Loben und Danken. Zu Beginn sprechen wir einen Liedvers, zum Beispiel „Gott ist gegenwärtig. Lasset uns anbeten und in Ehrfurcht vor ihn treten. Gott ist in der Mitte. Alles in uns schweige und sich innigst vor ihm beuge. Wer ihn kennt, wer ihn nennt, schlag die Augen nieder; kommt, ergebt euch wieder."[8] oder:
„Ich blicke voll Beugung und Staunen hinein in das Meer seiner Gnad und lausche der Botschaft des Friedens, die er mir verkündiget hat. Sein Kreuz bedeckt meine Schuld, sein Blut macht mich hell und rein.

---

8   *Früher Evangelisches Kirchengesangbuch Nr. 128 Vers 1; heute Evangelisches Gesangbuch Nr. 165.*

Mein Wille gehört meinem Gott, ich traue auf Jesum allein."[9]

Dann stellen wir uns den Bildgehalt unseres Textes vor (wozu wir immer zurückkehren, besonders wenn uns die Gedanken abhauen: Wir bekämpfen störende Bilder mit den Bildern des Textes). Dann fragen wir mit Martin Luthers „Vierfachem Kränzlein"[10]:

Was lehrt mich der Text?
Was treibt zum Dank?
Was zur Buße?
Was zum Bitten?

Dann fassen wir einen festen Beschluss von dem, was wir vielleicht herausbekommen haben. Zum Schluss loben wir Gott, am besten mit Lobpsalmen[11].

---

9   Aus dem Liederbuch „Wachet Auf" Nr. 231 Vers 1.
10   Vgl. Martin Luthers Schrift „Eine einfältige Weise zu beten, für einen guten Freund" von 1535.
11   Zum Beispiel die Psalmen 18, 19, 23, 30, 33, 34, 40, 46-48, 66-68, 73(!), 75, 77, 81, 84, 91-93, 96-101, 103-105, 107.

Gebet und Einkehr
Reinhard Deichgräber

Dieter Mascher stammt aus einer Familie, die seit einigen Generationen durch die Frömmigkeit der Baptistenkirche geprägt war. Sein Vater allerdings löste sich von dieser Prägung. So stellte er es seinen Kindern frei, ob sie sich für die baptistische Erwachsenentaufe oder für die landeskirchliche Konfirmation entscheiden würden. Dieter wählte, darin seiner Mutter folgend, die zweite Möglichkeit.

Seine eigentliche „Bekehrung" erlebte er allerdings etwas später durch die Begegnung mit der christlichen Gestalt der Oxfordbewegung (Marburger Kreis). Auf diese Weise fand er dann auch zur kirchlichen Jugendarbeit und nach dem Abitur zum Theologiestudium. Gegen Ende seiner Studienzeit – er hatte sich damals bereits entschieden, in den Dienst der Hermannsburger Missionsanstalt einzutreten – kam es dann zu der Begegnung, von der die stärksten Prägungen ausgingen: Dieter lernte Olav Hanssen und durch ihn den Gethsemanekreis am Missionsseminar kennen. Es war dieselbe Zeit, in der auch ich eine neue Beziehung zu Olav Hanssen begann und durch ihn für die verbindliche Frömmigkeit des Gethsemanekreises begeistert wurde.

Als Dieter und seine Frau Maria im Jahr 1964 zum ersten Mal nach Südafrika ausreisten, lag Olav Hanssens Reise durch die Hermannsburger Missionsgebiete gerade ein Jahr zurück. Seine Reiseeindrücke bestärkten ihn in der Auffassung, dass die Mission dringend einer geistlichen Erneuerung bedurfte. Und so gab er Dieter zwei Aufträge verbindlich mit auf den Weg: 1. Kümmere dich ernstlich um die Sprache der Eingeborenen. 2. Sorge dafür, dass sowohl die von Hermannsburg ausgesandten Mitarbeiter wie die Pastoren und Evangelisten der jungen afrikanischen Kirchen eine in die Tiefe gehende Erneuerung ihres geistlichen Lebens erfahren.

Dieter Mascher war mit diesem Auftrag nicht allein. Bald nach ihm reisten weitere Brüder aus dem Gethsemanekreis nach Südafrika aus: Ernst-August Lüdemann, Diedrich Hinrichs, Gert Landmann und andere. So gab es mehrere Geschwister, die selber solche Freizeiten leiten konnten. Nur in seinem persönlichen Arbeitsgebiet, dem tswanasprachigen Gebiet Westtransvaal, der später sogenannten Western Diocese der Evangelical Lutheran Church in Southern Africa (ELCSA), war er in seinen ersten Dienstjahren der Einzige, der diese Anliegen bewusst vertrat.
Bald fanden im Bereich der Hermannsburger Arbeitsgebiete die ersten Einkehrfreizeiten statt. Orte, an denen solche Freizeiten in wirklich tiefer Stille gehalten werden konnten, wurden gesucht und gefunden: Bothas Hill,

Hammanskraal, St. Michaels on the Sea, La Verna. Wichtig war für Dieter von Anfang an, dass auch einheimische Pastoren und Evangelisten Zugang zu diesen Freizeiten finden konnten. Dabei ging er selber mit gutem Beispiel voran. So gewann er vor allem ihm zugewiesene Evangelisten für die Teilnahme. Anfangs ging dies wohl ein wenig „ka Setswana", soll heißen: nach Tswanasitte: Wer einem älteren, ranghöheren Mitarbeiter zugewiesen worden war, folgte diesem sozusagen auf Schritt und Tritt. Aber bei manchen blieb es nicht bei dieser äußerlichen Gehorsamsnachfolge. Die meisten der von Dieter mitgenommenen Evangelisten und Vikare erkannten bald selber den Wert solcher Einkehrzeiten für ihr persönliches Glaubensleben und wurden so zu treuen Besuchern der Einkehrzeiten. So war es dann nach einiger Zeit auch möglich, dass Einheimische bei einer solchen Freizeit die biblischen Einführungen hielten (beispielsweise Moruti Teme und Moruti Motukisi).

Dazu bedurfte es keiner großen Anpassungen des eigentlich ja sehr europäisch konzipierten Betrachtenden Gebets und der Einkehrpraxis. Die einheimischen Pastoren und Evangelisten empfanden die von uns eingeführten Übungen nicht als fremd, zumal Dieter sorgfältig darauf achtete, dass keine sprachlichen Probleme störend wirkten und das Verstehen erschwerten. So wurden die Einführungen entweder in der Tswanasprache gehalten oder aber, wenn ein Besucher aus Deutschland die Einführungen hielt, dann wurde alles sorgfältig übersetzt. Bald kamen dann auch, von Gert Landmann mitgebracht, Gäste aus dem Norden (Vendaland) zu den Freizeiten. Diese wurden dann in englischer Sprache gehalten, um allen Teilnehmern sprachlich gerecht zu werden. So kamen hier spirituelle Anliegen und Dieters kräftiges Engagement für die Erhaltung der Tswanasprache auf das Schönste zusammen. Ich habe dies selbst bei verschiedenen Einkehrfreizeiten immer wieder erlebt. Ganz nebenbei hatte das Übersetzen auch noch den Vorteil, dass die Teilnehmer mehr als doppelt soviel Zeit hatten, um das Gehörte mitzuschreiben.

Dr. Reinhard Deichgräber

Von 1965-1995 theologischer Lehrer am Missionsseminar in Hermannsburg (Altes Testament, Ethik, Seelsorge), von 1979 bis 1995 Stellvertretender Seminarleiter und Hausvater. Mitglied der Koinonia (Epiphaniaskreis) seit 1964; zeitweilig Leiter. Mit Dieter Mascher bekannt seit 1953, und zwar einerseits durch gemeinsamen Schulbesuch am Max-Planck-Gymnasium Göttingen, andererseits durch enge Verbindung in der Evangelischen Jugendarbeit (Mitarbeiterkreis; Landesjugendkonvent).

Missionsstrategien - Perspektiven aus der Geschichte

Dieter Mascher, 1999

1. Die Arbeit am östlichen Rand der Westdiözese

Die Ausweitung der lutherischen Kirche in der „Tswanaregion" (später Westdiözese der Ev.-luth. Kirche im Südlichen Afrika – ELCSA-WD) hängt entscheidend mit dem Namen Heinrich Holsten zusammen. Er kam spät in die Mission, da er Kriegsteilnehmer war. Er begann seine Arbeit in Ramotswa, einer alten schon bestehenden Gemeinde an der Grenze zwischen Botswana und Südafrika.

In den sechziger Jahren wurde er nach GaRankuwa (nahe Pretoria) berufen. Dort baute er zusammen mit Evangelist Kgatlhanye eine starke lutherische Arbeit auf. Ein **1. strategischer Grundsatz** bei ihm war: für jede Zone dieses wachsende Vorstadtgebiets (damals Lokation) eine eigene lutherische Pfarrei und eine Kirche zu gründen, so dass bei Zuzug neuer Luthererinnen und Lutheraner möglichst wenige der eigenen Kirche verloren gehen.

Eine zweite Arbeit wurde von Friedholt Dehnke in Hebron (bei Rosslyn) zusammen mit Evangelist Nkhumise in Mabopane (nördlich Pretoria) gestartet.

In den siebziger Jahren wurde dann die Arbeit im jetzigen Moretelekreis insgesamt in Angriff genommen. Die alten und die neu entstandenen Gemeinden wuchsen zusammen. Dadurch wurde die lutherische Kirche in diesem Gebiet kompakter, aber auch komplizierter. Hierdurch dehnte sich die Westdiözese an ihrem Ostrand aus und wächst bis heute noch kräftig weiter.

2. Akzentunterschiede in den Strategien der Hermannsburger und Berliner Mission

Die beiden lutherischen Missionswerke – Hermannsburger im Westen, Berliner im Norden – stimmten darin überein, dass Mission ‚tsosoloso' ist, was allgemein mit Erweckung übersetzt wurde. Tsosoloso beinhaltet im afrikanischem Kontext aber mehr: Es geht um erweckliche Verkündigung (Evangelisation), aber auch um Geldsammlungen, um Kirchbau, Neubauten, Renovierung verkommener Gebäude. Und es geht um Sammlung der verstreut lebenden LutheranerInnen in dem jeweiligen Missionsgebiet. Denn im traditionellem Batswana-, Bapedi- und Vhavendagebiet ist die afrikanische Bevölkerung durchsetzt mit LutheranerInnen, die sich gerne auf ihre kirchliche Zugehörigkeit ansprechen lassen. Diese gilt es zu finden, zu sammeln, im Glauben zu fördern und zu ‚erwecken'. Der **2. strategische Grundsatz** lautet: Lass Dich nicht davon leiten, ob eine große oder kleine lutherische Gemeinde existiert, sondern: Wo afrikanische

Menschen leben, gibt es auch LutheranerInnen. Sie sind vielleicht an ihrer eigenen Kirche irregeworden, haben sich anderen Kirchen angeschlossen (was besser ist, als sich ganz vom Glauben abzukehren) oder sie sind geistlich verkümmert?

Hier haben wir unseren Auftrag zu sammeln. Von daher wurde auf jeder Farm eine Person verpflichtet, die für die dort lebenden Menschen Verantwortung (vor Gott) zu übernehmen.

Je mobiler die Gesellschaft wurde, desto mehr musste die Kirche flächendeckend arbeiten. Dies entspricht auch dem Ansatz von Ludwig Harms, kleine christliche Gemeinden im Abstand von jeweils 15-20 Kilometern zu errichten.

Ein 3. strategischer Grundsatz lautet: „Mongwe le mongwe ke Moruti", übertragen bedeutet das, jede Pfarrstelle hat nur einen Pastor und keine Assistenzpfarrer. Dieser von Superintendent Sepeng formulierte Grundsatz steht für die Hermannsburger Tradition, während die Berliner von ihrem städtischen Hintergrund her, Pfarrstellen mit mehreren PastorInnen besetzten.

Ein weiterer Unterschied in der Arbeitsweise der Hermannsburger und der Berliner Mission lag in der Sprachen- und Nationalitätenfrage. Während Hermannsburg eine „Tswanaregion" kirchlich aufbaute, arbeiteten die Berliner Mission in der Nord- und Zentraldiözese mit mehreren Bevölkerungsgruppen und Sprachen nebeneinander.

3. Die Enklaven und die Übereinkunft der Comity-Regel

Ein 4. strategischer Grundsatz war das Comity-Prinzip: Gegenseitige Respektierung der Gebietsgrenzen; in der Praxis bedeutete das zum Beispiel, dass dort wo die Berliner arbeiteten, keine Hermannsburger eine Arbeit aufbauen werden und umgekehrt. Dieser Grundsatz war schon in der Weltmissionskonferenz in Edinburgh (1910) formuliert worden.

Für die mobiler werdende Bevölkerung wird dieser Grundsatz aber sehr unpraktisch. Es war auch kein geistliches Prinzip.

Die katholische Kirche (aufgrund ihres Kirchenbegriffes) und viele andere Kirchen hielten sich nicht an die Abmachung. Daher war dieses Prinzip zum Sterben verurteilt.

Vorausschauende MissionarInnen und PastorInnen gingen „ihren Leuten" nach, auch wenn sie in Enklaven anderer Kirchen umsiedelten. Leuchtendes Beispiel der Hermannsburger Mission ist der Vorstoß aufs Goldfeld, um die Wanderarbeiter in Gemeinden zu sammeln.

Zur Arbeit in Enklaven noch folgende Tipps:

1. Wird das Comity-Prinzip aufgegeben, sollte das dem Häuptling/der Ratsversammlung mitgeteilt werden.

2. Es sollte ein ordinierter Pastor in einer Enklave eingesetzt werden, nicht ein Evangelist.
3. Das Assessment sollte niedrig gehalten werden, damit einer kleinen Gemeinde die Chance gegeben wird zu überleben, denn die Folgekosten (Grundgebühr, Strom, Wasser, Telefon) sind in Enklaven hoch, verteilt auf eine geringe Mitgliederzahl.

4. Das Vorgehen in Vryburg-Ganyesa

Der leitende Bischof Andreas J. Fortuin schlug der Westdiözese vor, das Gebiet Vryburg-Ganyesa zu übernehmen, weil dort vorwiegend Tswana- und Sepedilehrer Arbeit fanden. Die Westdiözese hat nach langem Überlegen diesem Vorschlag entsprochen und sah sich nun vielfältigen Fragen gegenübergestellt:

- Sind wir Enklave?
- Arbeiten wir flächendeckend?
- Welche Sprachen finden wir vor? (Afrikaans, Tswana oder isiXhosa?)
- Wer trägt die Kosten?
- Ist der Einsatz von MissionarInnen erforderlich?
- Was bedeutet es in einer Majorität zu arbeiten, die durch arbeitspolitische Zuwanderungen zu einer Minorität wird?

Durch die Einbeziehung von Vryburg-Ganyesa wuchs das Gebiet der Westdiözese um 28%. Die Gruppen der Barolong bilden ein großes Cluster, vergleichbar dem der Bafurutshe-, Bakgatlha- oder Bakwenagruppen der Westdiözese.

Die Arbeit in Vryburg-Ganyesa ist eine Diasporaarbeit entsprechend der Definition von Heinrich Holsten: Wenn der Mitgliederstand zu gering ist (2-4% der Bevölkerung), besteht die Gefahr, aufgesogen zu werden. Will man in einer Enklave gleicher Sprache, aber anderer kirchlicher Tradition arbeiten, muss man damit rechnen. Aber erfordert es die kirchliche Universalität nicht, den Mitgliedern in der Zerstreuung nachzugehen, auch, wenn das finanzielle Opfer von der Kirche fordert?

5. Klärung des Begriffs: Diasporaarbeit

In einer Diaspora zu arbeiten bedeutet, sich einer Enklave zuzuwenden, die unter 5% der Bevölkerung ausmacht. Eine Enklave ist eine stammesgebundene Kleinsiedlung in fremdem Gebiet. In den Lokationen ist dies immer gegeben. Prozentual gesehen wäre eine Arbeit wie in GaRankuwa (unter 10% der Bevölkerung) in Deutschland schon Diasporaarbeit. Wie kann aber eine kirchliche Arbeit in einem sprachlich klar abgegrenzten Gebiet wachsen?

6. Kirchenwachstum in sprachlich eindeutigem Gebiet („First Nation" hat Mehrheit)

Wenn eine Kirche in der Diasporasituation wachsen will, muss sie sich profilieren. Sie zeigt Profil, wenn sie eine oder mehrere Seiten des Evangeliums zum Leuchten bringt, das heißt Stadt auf dem Berge sein. Ein Missionsstatement, also ein Leitbild zu formulieren, ist ein gute Sache in einer Diasporasituation.

Profilierung muss allerdings auf die Unterschicht zugeschnitten sein. Denn die Zukunft einer Kirche liegt nicht bei der Elite, sondern bei der Mehrheit, also bei denen, die die Majoritätssprache sprechen. Und die Unterschicht macht nur mit, wenn die Kirche ihre eigene Sprache spricht. Heinrich Holsten zum Beispiel verstand es ausgezeichnet, in der Tswanasprache zu komponieren und Texte zu schreiben. Bis heute findet man kaum einen Gottesdienst mit Chormusik in der Westdiözese, in dem nicht etwas von Holsten gesungen wird. Er verstand es wie kein zweiter, für die Tswanakultur zu schreiben und zu komponieren.

Eine Elite, die nicht der Masse der Bevölkerung dient, verliert ihre Glaubwürdigkeit. Sie wird versuchen, die Masse zu manipulieren, indem sie ihr ihre Sprache nimmt, die Religion und damit auch die Mission für ihre Zwecke missbraucht – wie etwa in Nordafrika, wo die Massen dem Islam in die Arme getrieben wurden.

7. Kirchenwachstum in Gebieten mit mehrheitlich Anderssprachigen („First Nation" ist Minderheit)

In einem sprachlich gemischten Gebiet ist es gut, Sondergemeinden sprachlicher Art zu fördern, wenn sie auch die Sprache der Majorität lehren und lernen. Tun sie das nicht, werden sie aus Angst vor Unterdrückung durch die Mehrheit irgendwann auswandern. Am Beispiel Tembisa (Johannesburg) verdeutlicht heißt das: Richte Deine Arbeit an der Majorität der isizulusprachigen Bevölkerung aus, auch wenn Du in einer anderen Sprachgruppe mehr Lutheraner vorfindest.

5. strategischer Grundsatz: Lutherische Arbeit unter sprachlichen Minoritäten gelingt langfristig nur, wenn sie in der Bevölkerungsmehrheit verankert ist. Dann allerdings haben Minoritätsgemeinden auch eine Zukunft; ja sie sind von größter Bedeutung für die Entwicklung des Landes.

8. Arbeit an der Tswanasprache

In das Gesamtbild der Missionsstrategien gehört natürlich auch das Erlernen der Sprache. Ein 6. strategischer Grundsatz lautet: Eine verantwortliche Gemeindeführung kann nur mit dem Beherrschen der Sprache des Herzens gelingen. Deshalb gaben die älteren Missionare den Jüngeren ihre Sprachkenntnisse weiter.

Die Erweiterung dieser Tradition besteht bei uns heute nun darin, auch NichttheologInnen (wie ÄrztInnen und Lehrende) die Sprache zu unterrichten, damit sie die Sprache beherrschen. Dieser Gedanke entstand bei einer Studientagung in den siebziger Jahren unter der Leitung von Pastor Klaus Vollmer, der besagt, dass eine verantwortliche Mitarbeit, wo immer im südlichen Afrika, nicht ohne das Beherrschen einer afrikanischen Sprache denkbar ist.

Anmerkungen zu Dieter Maschers Missionsgrundsätzen von 1999

Hartwig F. Harms

Die Jahreskonferenz der Hermannsburger Mitarbeiter 1999 fand in dem Jahr statt, in dem das ELM an die Gründung der Hermannsburger Mission 150 Jahre zuvor dachte. Das schlug sich im Programm vor allem in Grußworten von Bischöfen der ELCSA nieder. Sie erinnerten natürlich auch an das Wirken von Hermannsburger Missionaren, das die Grundlage für einen beträchtlichen Teil der ELCSA gelegt hatte. Dazu gehörte ein kurzer Überblick über die Geschichte der Hermannsburger Arbeit in Südafrika von Heinrich Voges. Ansonsten stand die Konferenz unter dem Generalthema: *„and you will be my witnesses" – Mission in the Power of the Holy Spirit, yesterday – today – tomorrow.* Wir wollen nicht bei der Tradition stehen bleiben, sondern in der Kraft des Heiligen Geistes auch weiterschreiten – das war offenbar die Botschaft.

Dieter Mascher fiel im ersten Vortrag am ersten Konferenztag die Aufgabe zu, auf das missionarische Zeugnis in der Vergangenheit zurückzublicken. Er tat es unter dem Thema: „Missionsstrategien – Perspektiven aus der Geschichte". Sein Manuskript ist nicht erhalten, doch hat er die Zusammenfassung im Konferenzprotokoll, die Missionar Friedhelm Reeber angefertigt hat, auf seinem Computer gespeichert. Es ist also zu vermuten, dass er sie vor dem Abdruck durchgesehen und seine Gedanken als darin richtig wiedergegeben anerkannt hat.

Seine Ausführungen sind im Hermannsburger Kontext als durchaus eigenständig zu sehen. Bei seinem Blick in die Vergangenheit entdeckt er Grundsätze, wie sie sonst in dieser Zusammenstellung nicht benannt worden waren. Diese Grundsätze nennt er „missionsstrategisch" – ein in der deutschen Missionstheologie und den Hermannsburger Veröffentlichungen eher unbekannter, doch in der englischsprachigen Missionswissenschaft durchaus gebräuchlicher Begriff. Dort ist oft von „missionary strategies" die Rede, zum Beispiel im Buchtitel von C. Peter Wagner: „Frontiers in missionary strategy" (1971). Wir sehen das eher als militärische Nomenklatur, vor der wir als Deutsche zurückschrecken. Sie schreckt aber evangelikale Nordamerikaner offenbar gar nicht – man denke an Billy Grahams „Crusades" oder an die Studentenmission „Campus Crusade for Christ". Auch für den Engländer Stephen Neill war „Strategie der Mission" ein akzeptabler Begriff, und er steuerte im Lexikon zur Weltmission von 1975 den entsprechenden Artikel bei – allerdings als Übertragung aus dem von Neill selber herausgegebenen englischen Original in „Concise Dictionary of Christian World Mission" 1971.

Mascher war offenbar mit der nordamerikanischen Missionswissenschaft gut vertraut, wenn er in seinem Vortrag unbekümmert von missionsstrategischen Grundsätzen spricht. Wir würden vielleicht von „Grundsätzen für missionarische Arbeit" reden. Doch im südafrikanischen Kontext konnte er wohl damit rechnen, dass seine Missionarskollegen ihn verstehen.
Interessanter als diese definitorischen Vorfragen ist, was er selber als gelungene Grundsätze für missionarische Neuansätze in der jüngeren Vergangenheit herausstellt. Er filtert sie vor allem heraus aus der Goldfeldarbeit von Heinrich Holsten und aus seiner eigenen Erfahrung. Von den sechs Grundsätzen, die er herausstellt, beziehen sich die ersten drei auf Holstens Neubeginn im großstädtischen Raum von Johannesburg-Pretoria und die letzten zwei auf seinen eigenen Neuansatz im Vryburger Raum, während Nummer vier für beide Erfahrungshorizonte gilt.

Die erste Hälfte des Beitrags mit der Erinnerung an den Aufbau der Arbeit in den Lokationen liest sich vor allem wie eine Würdigung von Heinrich Holsten. Mit ihm verstärkte die Hermannsburger Mission, die sich bis dato von ihrem Selbstverständnis und der Geschichte her dem ländlichen Raum verbunden fühlte, ihr Engagement in großstädtischer Umgebung. Schon vorher hatte es Ansätze gegeben, dort Gemeinden zu sammeln, weil man verstanden hatte, dass viele Männer und zunehmend auch junge Frauen Arbeit in der Goldfeldregion suchten und den traditionellen Hermannsburger Gemeinden verloren zu gehen drohten. Ihnen nachzugehen, war als dringende Aufgabe erkannt worden. Durch die Apartheidspolitik nach dem Zweiten Weltkrieg verschärfte sich die Notwendigkeit des Einsatzes: Ende der 1950er-Jahre begannen große Umsiedlungsaktionen, in denen ganze Stämme in geplante Lokationen um Pretoria und Johannesburg herum umgesiedelt wurden. Das nötigte die Mission, dort ihre Arbeit zu verstärken, wie Direktor August Elfers in seinem letzten Jahresbericht von 1959 unter der Überschrift „Das Goldfeld" berichtete (Afrika. Die Hermannsburger Mission im Jahr 1959, S.33-38). Zu diesem Zweck sollte Heinrich Holsten von Ramotswa nach Pretoria versetzt werden (ebd., S. 89), während Friedhold Dehnke (1908-1990) seine Arbeit von Hebron aus ins nördliche Pretoria-Gebiet ausdehnte.

In dieser Arbeit ging es nicht nur darum, einzelnen Gemeindegliedern nachzugehen. Es mussten Strukturen geschaffen werden, die es beim Umzug größerer Gruppen den Umgesiedelten aus lutherischen Gemeinden ermöglichte gleich anzudocken und lutherische Kirche zu finden. Das spiegelt sich in den ersten beiden von Heinrich Holsten befolgten Grundsätzen wieder: in allen neuen Gebieten Gemeinden mit eigenen Pfarrstellen einzu-richten, auch wenn es bisher nur kleine lutherische Gruppen gab. Mit Sicherheit würden mehr dazu kommen – und etliche sich an ihre lutherische Identität erinnern.

Der dritte von Holsten befolgte Grundsatz sei schon von Superintendent Sepeng formuliert worden, so berichtet Mascher weiter – möglichst je ein Pfarrer für jede Pfarrstelle. Er führt diese Regel auf die ländliche Hermannsburger Tradition zurück. Die aus urbaner Tradition kommenden Berliner hatten weniger Probleme mit zwei oder mehr Pastoren in einer Parochie. Der hier vorgetragene Grundsatz hat Auswirkungen auf die Größe der Pfarrbezirke: Sie sollten nicht größer sein, als ein Pastor schaffen kann. Ob es in den Anfangsjahren überhaupt so viele Pastoren gab, dass für sie neue Pfarrbezirke abgegrenzt werden mussten, darf allerdings bezweifelt werden.

Mit dem vierten Grundsatz, dem Comity-Prinzip, betreten wir ein Gebiet, das weit über Hermannsburger traditionelle Ansätze hinausgeht. Comity heißen die Absprachen zwischen Missionsgesellschaften, nicht in fremdem Gebiet zu arbeiten, also nicht, wo schon eine andere Mission tätig war. Dies sollte nicht nur Verstimmungen und Konflikten zuvorkommen. Es ging vor allem darum, keine Kräfte unnötig zu binden. Spätestens seit man sich in den großen Missionskonferenzen des 19. Jahrhunderts um gute Kooperation bemühte, wurden Comity-Absprachen zur Selbstverständlichkeit. Auf der großen Edinburgher Konferenz von 1910 hatten sich alle Teilnehmer dazu verpflichtet. Allerdings galt Comity nur für protestantische Missionsunternehmungen. Die Römisch-katholische Mission hat sich ebenso wenig daran beteiligt wie fast alle Sekten.

Comity-Absprachen auf dem Lande machten selten Probleme, jedenfalls solange es immer noch Gebiete gab, in denen keine Mission arbeitete. Doch in Städten waren sie kaum sinnvoll und jedenfalls nicht durchzusetzen. Bei der Arbeit auf dem Goldfeld bewegte man sich aber an der Schnittstelle von Stadt und Land. Traditionell wären die neuen Lokationen die Gebiete vor allem reformierter und anglikanischer Organisationen gewesen, mit denen landesweite ausdrückliche oder stillschweigende Absprachen galten. Doch konnten die Absprachen auch bei der pastoralen Fürsorge für kirchlich sozialisierte Christen gelten? Den dort Arbeitenden war klar: Das war nicht möglich. Man wollte ja sowohl verhindern, dass eigene Gemeindeglieder ganz verloren gingen, als auch, dass sie in Sekten landeten. Und die gab es zuhauf – besonders die unzähligen Unabhängigen Afrikanischen Kirchen, oft „äthiopisch" genannt, die viele anzogen. Deshalb also der beherzte Neuanfang auf dem Goldfeld.

Allerdings versuchten die Hermannsburger das Prinzip aufrecht zu erhalten, wenn befreundete lutherische Missionen betroffen waren. Die Berliner Mission zählte dazu. Nicht nur aus historischen Gründen musste hier Rücksicht genommen werden, war es doch der Berliner Missionar Wilhelm Posselt, der 1854 die ersten Hermannsburger freundlich empfangen und ihnen den Anfang in Südafrika ermöglicht hatte, und man hatte immer gute Nachbarschaft mit Berlinern gepflegt, die auch im nördlichen Transvaal arbeiteten. Nun war man auch auf dem Wege der Annäherung, die zur Bildung einer selbstständigen lutherischen Tswanakirche führen sollte, der späteren Western Diocese der ELCSA. Dass man hier nicht in gegenseitiges Arbeitsgebiet griff, war eigentlich selbstverständlich. Doch bei den sich verstärkenden Migrationsbewegungen war eine reinliche geografische Trennung nicht immer ganz einfach. Bei genauerem Hinsehen sagt Mascher also eigentlich, dass das Comity-Prinzip nur noch in Auswahl durchzuhalten sei.

Maschers Überlegungen wurden wohl auch veranlasst durch seine eigene neue Arbeit im Südwesten des ehemaligen Transvaal, jetzt Provinz Northwest. Nur wenige Monate vor seinem Vortrag war er dorthin versetzt worden, um Lutheraner in den Landkreisen Vryburg und Ganyesa zu sammeln, die dorthin gezogen waren. Bis dahin galt das Gebiet als kongregationalistisch, da traditionelles Gebiet der Londoner Missionsgesellschaft (LMS). Mascher war also, als er seinen Vortrag hielt, noch bei der Suche nach Konzepten für seine neue Arbeit, die bei Lichte besehen vor allem Diaspora-Arbeit sein würde. In Holstens Goldfeldarbeit fand er Anregungen, die ihm, der immer wieder auf die Bedeutung der Sprache, besonders der Muttersprache, hingewiesen hatte, wichtig wurden: dass es entscheidend war, die Menschen in ihrer Sprache abzuholen - unter Berücksichtigung des Problems, dass kleine Gruppen in sprachlicher Isolation nicht lebensfähig waren. Ohne Frage fließen in diesen Teil mit den letzten beiden Grundsätzen Maschers eigene Beobachtungen und Überlegungen stark mit ein. Sie waren wohl auch veranlasst durch die rigorose Umsiedlungspolitik der Regierung seit den 1950er-Jahren, die ethnische Enklaven und damit Konfliktpotential schuf, das in so einem Fall nur durch Respektierung der in der Enklave dominanten Sprache zu entschärfen war.[1] Mascher nennt etwa den von Zulus dominierten Vorort Tembisa in Tswana-Gebiet. Ebenso aber flossen Überlegungen aus der Church Growth Theory mit ein. Diese von

---

1 *Freundlicher Hinweis durch Dieter Schütte, 1999 als Referent für das südliche Afrika bei der Konferenz präsent.*

Donald McGavran (1897-1990) begründete und von C. Peter Wagner (1930-2016) und anderen weiterentwickelte Missionstheorie legte starken Wert darauf, dass in der Missionsarbeit nicht in erster Linie die Einzelnen, sondern Homogeneous Units im Fokus sein sollten – also ganze Gruppen und Beziehungsnetze. Dann sei das stärkste Kirchenwachstum – Church Growth – zu erwarten. Die Wortwahl „Kirchenwachstum" in Maschers Vortrag legt die Vermutung nahe, dass er in Church-Growth-Veröffentlichungen Anregungen gefunden hatte, die seine Überlegungen stützten. Und in der Tat ist die gemeinsame Sprache ja ein primäres Bindemittel der Gruppe. Ob diese, wenn zu einer lebendigen christlichen Gemeinde geworden, dann auch auf andere ausstrahlt, hängt wieder davon ab, wie weit sie sich sprachlich auch in die Umgebung einbringen kann. Insofern sind die Überlegungen zu Minoritätssprachen in der Tat von „strategischer Bedeutung", um dieses Wort nun doch noch aufzugreifen. Dietrich Maschers Zusammenstellung von Arbeitsgrundsätzen zeigen ihn als einen Denker von Weitsicht, der Anregungen anderer zu würdigen weiß und aufnimmt, aber sie selbstständig weiterentwickelt.

Dr. Hartwig Harms

Jahrgang 1939, Studium in Heidelberg, Tübingen, Göttingen und Hamburg, Promotion in Heidelberg.

Missionar in Äthiopien 1972-1993, Schwerpunkte: theologischer Unterricht und Fernkurse.

1994-2004 in der ELM-Zentrale in Hermannsburg, Schwerpunkte: theologische Fernkurse in Äthiopien, historische Aufarbeitungen. Seitdem im P.i.R. in Hermannsburg.

Verheiratet 1966-1994 mit Dr. med. Susanne, geb. Keller, seit 1998 mit Christiane, geb. Schneider.

„Ich habe Dieter Mascher am Rande von Konferenzen und Veranstaltungen des ELM kennengelernt.

Ich verdanke Dieter Mascher sehr viel; vor allem war er auch der erste, der mich in die religiöse und kulturelle Welt der Batswana im südlichen Afrika einführte und sie mir lieb machte."

Solomon Tshekisho Plaatje - Lutheraner und Bürgerrechtler
Dieter Mascher (2002)

In Südafrika tritt ein evangelisch-lutherischer Christ ins Rampenlicht der Geschichte, der zu seinen Lebzeiten – er wurde 1876 geboren und starb 1932 – in Südafrika sehr bekannt und beachtet war, aber nach seinem Tode schnell in Vergessenheit geriet. Solomon Tshekisho Plaatjes Grab auf dem lutherischen Friedhof in Kimberley trägt die Worte: „Ikhutse, Morolong, modiredi Afrika" (Ruhe dich aus, Morolong, Diener Afrikas).

Plaatje war Angehöriger einer großen Batswanagruppe, der Barolong, die meist westlich vom ehemaligen Hermannsburger Missionsgebiet wohnen. Er selbst stammt aus einer Farmarbeiterfamilie, die zur Berliner Missionskirche gehörte und die sich später in der britischen Kolonie West-Griqualand in der Nähe der Diamantenstadt Kimberley auf der Berliner Missionsstation Pniel verdingte. Dort hat er als Junge die lutherische Missionsschule besucht, die ihn hellwach gemacht hat. Der Unterricht erfolgte in Parallelklassen in Koranna und Tswana und führte bis zur fünften Klasse. Plaatje war dann einige Zeit „Schüler-Lehrer" und wurde später Postbote in Kimberley, wo er sich in Abendkursen weiterbildete. Hier sah er das Elend der Minenarbeiter, das er später zu bekämpfen lernte. Dem jungen Mann taten sich weite Bereiche auf. Er studierte alles, was er erreichen konnte und wurde Dolmetscher am Gericht in Mafikeng. Mafikeng bildete die nordöstliche Spitze des britischen Staates am Kap. Dem traditionellen Regierungssitz der Barolong wurde ein weißer Stadtteil angegliedert, in dem Plaatje ab 1898 beim Gericht arbeitete.

Plaatje's Wende in Mafikeng

Die bei weitem verbreitetste Kirche in Mafikeng war die methodistische. Sol Plaatje war Lutheraner, aber seine Freunde seit Kimberley waren meist Methodisten und wir nehmen heute an, dass er in Mafikeng mehr zur methodistischen Kirche ging, was sich von seiner Stellung als Staatsbeamter und seinen Bildungswünschen und seinem Freundeskreis her nahelegte. Sein Sohn besuchte die methodistische Schule. Seine eigene Kirche war nicht in Mafikeng vertreten, die „Arme-Leute-Kirche" der Hermannsburger war erst dabei, sich in Mafikeng zu organisieren, und so war bei seiner anfänglichen Englandbegeisterung klar, dass er sich mehr zu den Methodisten, der „lutherischsten Kirche unter den englischen Kirchen" hielt. Dass Plaatje aber – jedenfalls in den Kreisen, in denen er sich bewegte – als Lutheraner galt, wurde deutlich, als er zu Gunsten von zwei Buren aussagte, die des Mordes an einem Tswanaviehdieb angeklagt waren, wofür sie ohne Plaatjes Aussage zum Tode verurteilt worden wären. Plaatje soll vom Richter dafür gescholten worden sein, „was er von den deutschen Missionaren gelernt habe, wäre ihre absurde Milde und nichts sonst".

Seine Mitarbeit im Gericht als Dolmetscher hat Plaatje, der das englische Rechtswesen hoch verehrte und Vergleichbares zur Rechtsprechung der Batswana darin fand, immer sehr ernst genommen.

Der Englisch-Burische Krieg brach im Oktober 1899 aus. Mafikeng wurde vom 11. Oktober an vom burischen Militär belagert. Plaatje schrieb ein Tagebuch über die Belagerungszeit, das aber am 30. März 1900 abbricht. Die Belagerung endete Mitte Mai 1900. Das Tagebuch wurde 1969 wiederentdeckt und 1973 gedruckt. Plaatjes erstes bedeutendes Buch zeigt, was wirklich passierte und wie das auf einen hellwachen, noch englandfreundlichen jungen Motswana wirkte, dessen Kritik sich aber bereits immer kräftiger zu Worte meldete.

Gegen Ende der Belagerung kam es zu üblen Szenen; es war nicht mehr viel Essen in Mafikeng, aber die Weißen durften davon noch kaufen. So zwang Baden-Powell als Befehlshaber die halb verhungerten schwarzen Frauen und Kinder und die nicht kriegstüchtigen Männer, die Stadt zu verlassen, also den Buren in die Gewehre zu laufen. Plaatje war in einem Loyalitätskonflikt, durfte als englischer Staatsbeamter nichts in der Öffentlichkeit sagen und musste doch an die Öffentlichkeit gehen, selbst das Tagebuch hat er nicht weitergeschrieben.

Das Vorgehen der Engländer nach ihrem Sieg 1902 – nämlich sich mit den Buren zu verbünden und auch die schwarzen Kreise, die sich loyal zu ihrer Sache gehalten und sich aufgeopfert hatten, fallen zu lassen – lieferte dann nur die Bestätigung für ihn. Seine Kündigung der ihn sichernden Existenz als Staatsbeamter vom 27. März 1902 – also vor hundert Jahren - hatte er schon vorher vollzogen.

Als jetzt Silas Molema eine tswanasprachige Zeitung aufbaute, blieb Plaatje beratend im Hintergrund, bis er seine Kündigung ausgesprochen hatte und dann der Herausgeber wurde. In dieser Zeitung – Koranta ea Becoana (Zeitung der Batswana) – hat er dann geschrieben: Was nach dem Sieg der Briten über die Burenrepubliken den Schwarzen angetan wird, „die ihr Leben und ihren Besitz verloren haben, um die britische Herrschaft in ihrem Land zu errichten", ist „schlimmer als Krugerismus (als das burische System der Transvaalrepublik)".

Sol Plaatje blieb noch bis 1910 in Mafikeng, während sich die ganze Ungeheuerlichkeit entfaltete, auf die die Staatsgründung der Südafrikanischen Union hinauslief. Seine Zeitung kränkelte oft und ging später ein, aber er meldete sich immer wieder zu Wort, auch über andere Zeitungen und wurde so zu einem Sprecher des schwarzen Südafrika.

In diese Zeit gehört die Auseinandersetzung mit der London Missionary Society über die Tswanaorthographie. Ende 1906 forderte Sol Plaatje zusammen mit der Berliner und der Hermannsburger Mission, vor einem Neudruck der Bibel in Tswana Übereinkünfte über die Verbesserung der Rechtschreibung zu treffen. Die Londoner hatten als die erste Mission unter den Batswana sozusagen ein Monopol für die Arbeit an der Sprache. Dass ein schwarzer junger Mann, dazu noch ein Journalist einer Tswanasprachigen Zeitung, die Bibelübersetzung kritisierte, ging ihnen zu weit. So kam nur ein halber Kompromiss dabei heraus, den wir in der „Wookey Bible" sehen können.

Plaatje hat sich auch später in England an wissenschaftlichen Arbeiten zur Lautlehre beteiligt und sich bis zum Ende seines Lebens um die Entwicklung des Tswana bemüht. Ein Monopol für die Entwicklung der Volkssprache kann es nicht geben, das hat Sol Plaatje sein ganzes Leben vertreten, schon gar keines einer Mission, die die Sprecher der Sprache nicht mitentscheiden lässt. Neben der Sammlung von Sprichworten und traditioneller Dichtung und der Arbeit an einem neuen Wörterbuch hat Plaatje Dramen von Shakespeare übersetzt. In Plaatjes Nachdenken über die Tswanasprache spielt der völlige Zusammenbruch der Korannasprache eine große Rolle. Diese Sprache wurde schon zu seinen Lebzeiten immer weniger gesprochen, und der Volksverband, in den diese altertümliche Klicklautsprache gehörte, löste sich parallel dazu auf. Plaatje hat klar gesehen, dass das Untergehen einer Sprache nicht ein Schicksal ist. Plaatje hatte durchschaut, dass sein Volk sich weder bei den Buren noch bei den Engländern anhängen darf. „Die Sprache der Unterdrücker im Munde der Unterdrückten ist die Sklavensprache."

Wieder in Kimberley

Die ständigen Schwierigkeiten mit seiner Zeitung und die damit verbundenen geldlichen Nöte und die politische Katastrophe drängten den jungen Journalisten aus Mafikeng nach Kimberley zurück. Dort war man dem Zentrum der Macht näher. Kimberley war eine reiche Großstadt, Mafikeng ein Außenposten, wichtig nur als Verwaltungsstadt für das Betschuanaland-Protektorat. Eine Gruppe einflussreicher Barolong ermutigte Plaatje, eine Tswanasprachige Zeitung in Kimberley herauszugeben. Die Auflösung der schwarzen Gesellschaft war in der Großstadt Kimberley viel sichtbarer als in Mafikeng, denn hier fehlte das stabilisierende Element der Stämme. Schon in Mafikeng hatte er für die Rechte der Stämme auch vor Gericht gekämpft, aber erlebt, dass sich die weiße Verwaltung nicht einschüchtern ließ. Aber was in Kimberley an sozialem Elend auf ihn wartete, war dem gegenüber riesig. Die schwarze Opposition in Südafrika schloss sich unter

Betreiben von Plaatje und anderen nach der Gründung der Südafrikanischen Union 1910 zum African National Congress (Afrikanischer Nationalkongress, ANC) zusammen. Er war dessen erster Generalsekretär ab 1912. Der Kampf ging vor allem gegen das geplante Landgesetz, das die schwarze Mehrheit von Südafrika auf die wenigen Landstriche zurückdrängte, die sie entweder gegen Buren oder Engländer als ihr Eigentum hatten behaupten können oder – etwa durch die Hermannsburger Mission – durch Kauf hatten zurückgewinnen können, also auf die Reservate. Als die neue Regierung dieses Gesetz dann 1913 durchgesetzt hatte, wurden Plaatje und einige andere aus der Leitung des ANC nach England geschickt, um dort vor der Regierung und vor der Öffentlichkeit dieses Unrecht anzuprangern.

Auf der Schiffsreise von Kapstadt und dann in England arbeitete er an zwei Büchern. Das Buch „Native Life in South Africa" (Das Leben der Einheimischen in Südafrika) hat er 1916 in London veröffentlichen können. Es gibt ein sehr lebendiges Bild von dem politischen Kräftespiel in der weißen Bevölkerung, das zu dem Landgesetz von 1913 führte und dem unsäglichen Leid, das dieses Gesetz für die schwarze Bevölkerung schuf. Das andere Buch ist auch in Englisch, aber erst 1930 gedruckt worden. Es ist der historische Roman „M hudi", in dem er die Wirren der Matebeleherrschaft (1825 bis 1837) im Osten des Tswanagebietes beschreibt und das anschließende Einrücken der Buren.

Als Plaatje Ende Januar 1917 nach Südafrika zurückkam, war seine dritte Zeitung eingegangen. Die Bitte, sich zum Vorsitzenden des ANC machen zu lassen, hat er 1917 abgelehnt. 1919 wurde er mit anderen wieder nach England gesandt, um noch einmal zu versuchen, dort dem ANC Gehör zu verschaffen, mit wenig Erfolg. Danach reiste er in die USA und leistete intensive Aufklärungsarbeit bei Schwarz und Weiß über das, was in Südafrika geschah.

Bei seiner Rückkehr nach Südafrika 1923 fand er desolate Zustände in den schwarzen Gesellschaften vor, die neue Gesetzgebung engte die schwarze Seite immer mehr ein, der ANC war auch in keiner guten Verfassung. Die Seinen hatten sein Haus in Kimberley aus Not verkaufen müssen.
Parallel zu seiner schriftstellerischen und politischen Arbeit war er nicht nur ein Prediger in der evangelisch-lutherischen Gemeinde im Wohngebiet der Schwarzen in Kimberley, sondern versuchte auch, Vereine und Schulen zu gründen; gegen Ende war er besonders in der Guttemplerbewegung beteiligt, die gegen den Alkoholmissbrauch anging. Aber es war unübersehbar, dass die Entwicklung im Staat entgegengesetzt zu dem verlief, wofür er kämpfte.
Plaatje hat durch seinen frühen Tod nach einer Lungenentzündung 1932 die

tiefsten Tiefen nicht mehr miterlebt. Nach der Wende von 1994 wird Plaatje immer mehr zu einer Integrationsfigur. Jedes ältere Schulkind weiß über ihn irgendwie Bescheid. Das Gebäude des Erziehungsministeriums in Pretoria wurde in „Sol-Plaatje-House" umbenannt.

„Montsamaisa bosigo ke tla mo leboga go sele" – einem, der mich durch die Nacht geleitet hat, danke ich am Morgen.

Sol Tshekisho Plaatje - Die Wiederentdeckung eines großen Südafrikaners für deutsche Leser durch Missionar Dieter Mascher

Ernst-August Lüdemann

Im Jahrbuch des Evangelisch-lutherischen Missionswerks (ELM) 2002/2003 erschien der vorliegende Text von Dieter Mascher unter dem Titel Solomon Tsekisho Plaatje – Lutheraner und Bürgerrechtler. Für viele in den deutschen Missionskreisen und Partnerschaftsgruppen war dieses eine Neuentdeckung. Sol Plaatje, so sein gängiger Name, war bereits 1932 gestorben. Er kam nicht aus einem kirchlichen Bereich der Hermannsburger Mission, obwohl er auch zum Volk der Batswana gehörte.

Welche Nähe empfand Dieter Mascher diesem Motswana gegenüber? Der erste Aspekt war gewiss die Zugehörigkeit zu einem Stamm der Batswana, der Barolong, die südlich des traditionellen Arbeitsgebietes der Hermannsburger Missionare lebten. Sol Plaatje wuchs in einer Familie auf, die durch die Arbeit der Berliner Missionare im nördlichen Freistaat geprägt war. Durch seine spätere Tätigkeit in der Gegend von Mafikeng kam er mit Hermannsburger Missionaren in Verbindung, die in der damaligen Grenzstadt mit einer lutherischen Arme-Leute-Gemeinde angefangen hatten, teils unter Flüchtlingen während des Burenkrieges. Später gab es Kontakte mit den Missionaren Wilhelm Behrens jun. und Ferdinand Jensen auf der Station Dinokana. Ein wesentliches Thema dabei war die Bibelübersetzung in die Tswana-Sprache, die ursprünglich von der London Missionary Society organisert wurde. Die Society sah darin ein Monopol für sich, musste aber schließlich doch akzeptieren, dass bei den Lutheranern von den Missionen aus Berlin und Hermannsburg durch ihre Arbeit unter Menschen desselben Volkes mit einem sehr qualifizierten Linguisten wie Sol Plaatje eine deutliche Kompetenz für die Arbeit an der Bibelübersetzung vorlag. Dieses Anliegen ist später in größerer Harmonie fortgesetzt worden. Dabei fand Dieter Mascher in jüngerer Zeit einen Arbeitsbereich, der sehr seiner Begabung und ausgesprochenen Vorliebe entsprach. Was Sol Plaatje in seiner frühen Phase als Lehrer und darüber hinaus später als Linguist betonte, die Wichtigkeit der Muttersprache für die menschlich-geistige Entwicklung, war für Mascher, neben seinem starken Engagement in der Struktur des Kirchenaufbaus, ein jahrzehntelanges Anliegen, das ihn weit über die Kirchengrenzen hinaus führte. Im Bildungsbereich unter den afrikanischen Lehrern und Schulplanern vertrat er vehement die Forderung, in der Grundschule mit der jeweiligen Muttersprache zu beginnen und die jungen Menschen nicht von vornherein durch die Dominanz einer europäischen beherrschenden Sprache – wie Englisch oder Afrikaans – in ihrer Entwicklung zu hemmen. Ich erinnere mich daran, wie Dieter Mascher uns etwa auf den Missionarskonferenzen zu unserer großen Überraschung vortrug, wie in der Ausgestaltung der sowjetischen Oktober-Revolution größter Wert darauf gelegt wurde, dass einzelne der sehr unterschiedlichen und sehr zahlreichen Völker des Großreiches für ihren Schulbereich die Muttersprache zugestanden bekamen. Mascher sah darin ein wesentliches Element für den Zusammenhalt des Sowjetreiches unter Lenin, weil die Menschen sich nicht als ausgegrenzte Ethnien empfanden – trotz all der Grausamkeiten, die im Übrigen das Riesenland zusammenschweißen sollten. Noch in der Zeit seines Ruhestandes– unter den Umständen einer geschwächten Gesundheit – befasste sich Missionar Mascher noch einmal ernsthaft mit dem Sprachbereich der Khoi-San, der weitgehend im Abseits der Sprachenpolitik in der Zeit der Apartheid geblieben war. Khoi-San ist der Sammelbegriff für Völker aus der Frühzeit der Menschheitsgeschichte im Süden Afrikas („Buschleute"). Typisch für ihre Sprache sind die Klicksaute. - Mit diesem Anliegen nahm Mascher die Spuren auf, die Sol Plaatje mehr als 50 Jahre früher gelegt hatte: als Autodidakt in der Schulbildung, als Gerichtsdolmetscher, als Literat und schließlich als Politiker in der afrikanischen Befreiungsbewegung.

Zwei lutherische Christen in unterschiedlichen Zeiten

Sehr wichtig wurde Sol Plaatje dem Hermannsburger Missionar Mascher auf jeden Fall als lutherischer Christ. Über diese persönliche Quelle entstanden Sol Plaatjes wesentlichen Initiativen, die Nähe zu seinem eigenen Volk zu suchen und die Bibel in seine Muttersprache zu übersetzen. In der Zeit seines Aufenthaltes in der Großstadt Kimberley war er immer wieder als Laienprediger in der dortigen lutherischen Gemeinde aktiv, selbst wenn er auch einen intensiven Kontakt zu methodistischen Gemeinden hatte, die er für die ‚lutherischsten' unter den englischstämmigen Kirchen hielt. Dieter Mascher war später intensiv am Gemeindeaufbau in einem noch nicht von der lutherischen Kirche aufgenommenen Bereich zwischen der ELCSA-Kap-Oranje-Diözese und der ELCSA-Westdiözese in der Gegend nördlich von Kimberley beteiligt. In den letzten Jahren seines Dienstes hat er die Gemeinde von Huhudi-Vryburg aufgebaut und entwickelt. Mit dieser Gemeinde kam auch ein Teil des Volkes der Barolong – des Volkes Sol Plaatjes – in den Zusammenhang der lutherischen Kirche (ELCSA) hinein.

Doch Sol Plaatje fiel immer wieder in gesellschaftspolitischen Fragen oder im Bildungsbereich damit auf, dass er das Selbstwertgefühl der Menschen afrikanischer Herkunft, die zunehmend unter der Politik der Apartheid abgewertet wurden, zu sanieren und zu steigern suchte. Dieser Schwerpunkt der Arbeit mit afrikanischen Gemeinschaften bestimmte auch das Wirken von Dieter Mascher, was so weit ging, dass ihm die Gemeinden deutschsprachiger Lutheraner in Südafrika ein Stück weit fremd blieben. Von der Weitsicht eines Sol Plaatje in der Zeit seines Wirkens bis zu seinem Sterben 1932 ging eine prägende Hoffnung aus. Gegenwärtig hat man den Eindruck, dass die südafrikanische Gesellschaft gegenüber den Zeiten eines Sol Plaatje oder Nelson Mandela stark zurückgefallen ist.

Was würden Sol Plaatje und andere heute getan haben?, war die Überschrift in der südafrikanischen Zeitung Daily Maverick (Johannesburg) vom 30. November 2017. Unter der immer schärfer werdenden Unterdrückung der afrikanischen Bevölkerung durch den Rassismus bereits unter englischem Einfluss, dann aber ab 1948 sehr stark durch die Apartheids-Regierungen, hat der ANC die frühe, durch Sol Plaatje mitgeprägte Linie der Gewaltlosigkeit aufgegeben. Nelson Mandela ist es durch sein erstaunliches Auftreten nach der Freilassung von der Gefangeneninsel am Kap und mit den sogar Vertrauen fördernden Verhandlungen mit der bis dahin ausschließlich weißen Regierung gelungen, das „Ruder der Gewalt herumzureißen" und mithilfe von Unterstützern wie Erzbischof Desmond Tutu eine Politik der Versöhnung auf den Weg zu bringen. Unter seinen Nachfolgern aus der Partei des ANC fehlte es dann aber an Menschen mit dem Weitblick, die den schwarzen und den weißen Block immer mehr zusammenführen konnten. Ein Aufflammen eines schwarzen Rassismus und einer Vergeltungspolitik ließen die Erneuerung der Gesellschaft stagnieren. Die starke Wirtschaft wurde immer mehr zum Fundort für Korruption, auch weil die späteren Führer mehr die „Buschmentalität" ihrer Widerstandszeit wachhielten und ein Wachsen der Wirtschaft durch Eigeninteressen erschwerten. Die größten Herausforderungen des Landes sind weiterhin Armut, Ungleichheit und Arbeitslosigkeit. Der Anti-Kolonialismus wurde in den vergangenen Jahren zunehmend ein Thema, bei dem ein starker Einfluss westlicher Kultur und Bildung sowie der Wirtschaftssteuerung als Gefährdung für das Land dargestellt wurden. An solch einer Stelle fehlt die Weisheit und Größe eines Sol Plaatje, der es auch für wichtig hielt, englische literarische Werte von weltweiter Bedeutung wie zum Beispiel Shakespeares „Die Komödie der Irrungen" in seine eigene afrikanische Muttersprache zu übersetzen. Damit achtete er seine Muttersprache und ließ sein Volk teilhaben an großen menschlichen Errungenschaften. In einem der auf ihn ausgesprochenen Nachrufe heißt es: „Ein Mensch, der aufgrund seiner Charakterstärke und der Schärfe seines Intellektes in die erste Reihe der Leiter des Volkes aufstieg... Niemals habe ich ihn als autokratisch erlebt, als widerspenstig oder engstirnig." Es ist hoffnungsvoll, was ein fähiger Politiker wie Pravin Gordhan, bis kürzlich südafrikanischer Finanzminister, angesichts der derzeitigen unruhigen Situation des Landes sagt: Man sollte nicht zynisch werden, sondern Verständnis für das Entstehen der gegenwärtigen Herausforderungen entwickeln und in alle Richtungen angemessene, politisch überzeugende Gespräche führen, die eine sinnvolle Veränderung herbeiführen könnten. Das war vor knapp 100 Jahren die Haltung von Sol Plaatje. Die hat uns Dieter Mascher noch bis zu seinem Tode im November 2015 nahe gebracht.

Ernst-August Lüdemann

Geboren am 13. August 1939 in Lüneburg.

Missionar der Hermannsburger Mission (ab 1976 des Evangelisch-lutherischen Missionswerkes in Niedersachsen), ab 1967 in der Arbeit unter indischen Menschen in Durban/Südafrika, 1983-1988 Senior des ELM im Südlichen Afrika, 1989-2003 Direktor des Evangelisch-lutherischen Missionswerkes Niedersachsen.

„Während meiner Studienzeit am Missionsseminar Hermannsburg begegnete ich Dieter Mascher im Rahmen der Verbindung zwischen dem Missionsseminar und der südhannoverschen Jugendarbeit in der Hannoverschen Landeskirche, später dann in der ganzen Zeit seines Wirkens in Südafrika. Darüber hinaus waren wir gemeinsam Angehörige der Koinonia/Epiphaniaskreis."

Bantusprachen
Einige Gedanken zu dem in vielen deutschen Schulen jetzt begonnenen Unterricht in einer der Bantusprachen[1]

Dieter Mascher, 1983

Es ist mir ein Bedürfnis, meine Freude darüber auszudrücken, dass in vielen deutschen Schulen im südlichen Afrika jetzt so energisch an dem Unterricht in einer der lokalen Sprachen gearbeitet wird. Jedem, der über das Land nachdenkt, wird einleuchten, dass es ein hohes Ziel ist, den jungen Menschen den direkten Zugang auch zu den lokalen Sprachen Südafrika dadurch zu eröffnen, dass man sie eine seiner Sprachen lehrt.

Die Beschäftigung mit einer einheimischen Sprache ist weiterhin erzieherisch wertvoll, weil es sich um eine für europäische Ohren ganz fremde Sprache handelt, um eine der Tonsprachen. Diese gehören zu den Tonsprachen der Welt, zu denen viele wichtige asiatische Sprachen zählen. Sie haben ein relativ einfaches Tonsystem von im Wesentlichen zwei Tonebenen. Das ist natürlich für unseren Unterricht ein großer Vorteil. Es gibt andere Sprachen, die neun verschiedene Tonhöhen kennen, was bedeutet, dass dieselbe Kombination von Vokalen und Konsonanten mit verschiedenen Tönen bis zu neun Bedeutungen haben kann.

Wie bei jedem Neuaufbruch muss dabei viel nachgedacht werden. Ich selbst habe Südsotho und Setswana studiert, unterrichte auch Setswana und möchte auf folgendes aufmerksam machen: Setswana (wie auch die anderen der hiesigen lokalen Sprachen) ist im strikten Sinne eine Tonsprache, in dem Sinne, dass jede Silbe aus einem Konsonanten (der fehlen kann) und einem Vokal (der auch fehlen kann) sowie einem Ton besteht. Die offizielle Schreibweise verwendet für die Konsonanten und die Vokale lateinische Buchstaben. Die Konsonantenschreibung ist ausgezeichnet, die der Vokale lässt zu wünschen übrig. Die Töne werden, da sie in europäischen Sprachen nicht existieren, nicht geschrieben. Die offizielle Schreibweise berücksichtigt das dritte Element in jeder Silbe daher nicht.

Viele einheimische Schülerinnen und Schüler, die in ihrer Muttersprache unterrichtet werden, erschließen den Ton aus dem Zusammenhang; die meis-

---

1 *1983, während der Zeit in Bobuampya (Nähe Rustenburg/Südafrika).*

ten mit einem europäischen oder besonders deutschen Hintergrund haben hier das Problem, das im Deutschen dann einträte (der Vergleich ist nicht ganz ohne Vergröberung), wenn bei einer Silbe im deutschen Konsonanten, die nach dem Vokal stehen, weggelassen worden, also etwa so geschrieben werde: De hIa Ko na Hau, e lie die Zeitu. Wenn wir so schrieben, müsste das Kind raten. Ein durchschnittliches Kind mit deutscher Muttersprache fände sich durch seine Kenntnis des Deutschen schnell in diese Schreibweise hinein, viele Kinder, die erst Deutsch lernen wollen, hätten aber große Mühe. Das Lehrbüchlein „Re bala Sesotho" schreibt: „Laut offizieller Rechtschreibung werden diese Zirkumflex und Töne im Leseunterricht nicht verwendet."[2] Damit ist der ganze Aspekt der Tonsprache ausgeklammert, wie das auch auf einer ganzen Reihe von Universitäten getan wird. So etwa das „Tswana-leerboek"[3], bei dem man sich fragt, ob gewisse Universitäten überhaupt zur Kenntnis nehmen, was und wie andern Ortes schon seit über 15 Jahren gelehrt wird. In dem Buch „A Course in Tswana"[4] kommt die in der Witwatersrand-Universität gebräuchliche Methode zur Geltung, die verstümmelnde offizielle Schreibweise durch Tonzeichen und Zusammenschreibung nach sprachwissenschaftlichen Gesichtspunkten so zu vervollständigen, dass die Aussprache eindeutig ist. Man schreibt da

ábúạ (sie reden)   gạ́ạ́ạbúá (er/sie/es haben nicht geredet)
ábụá (indem er/sie/ es redet)
ạbúá (und dann redete er/sie/es)

ábúá (sie häuten - - - ab)   gạáábụá (er/sie/es haben nicht abgehäutet)
ábúá (indem er/sie/es abhäutet)
ạbụạ (und dann häutete er/sie/es ab)

während in der offiziellen Schreibweise diese Wörter gleich geschrieben werden. Da es eine Kleinigkeit ist, von der Schreibweise mit diesen Zusätzen auf die offizielle Schreibweise „umzuschalten", es aber für einen Europäer nicht möglich ist, in der offiziellen Schreibweise auch nur die Grammatik korrekt zu erfassen, geschweige denn die Sprache korrekt zu sprechen, steht die Frage vor unseren deutschen Schulen, was nun das Angemessene sei. Meine eigene Meinung ist, dass einige Brüder, die sich hinter der offiziellen Schreibung verstecken, unserer Jugend keinen guten Dienst tun, und dass

2   *W.J. Britz, M.J. Threart in samewerking met C.J. Esterhuyse en W.J. Kotze, Nasou Bpk. Eerste druk 1976; S. 3: „Ooreenkomstig die amptelike ortografie is hierdie kappies en toontekens nie in die leeslesse gebruik nie."*

3   *J.A. Ferreira (prof. in Bantoetale, Randse A. U.), A.T. Malepe, (Senior Taalassistent, Universiteit van Suid Afrika), van Schaik Bpk., Pretoria, tweede Uitgawe, 1977.*

4   *von Desmond T. Cole and Dingaan Mpho Mokaila, 1962; Neuauflage bei: Via Afrika Ltd., 1981.*

wir solider arbeiten sollten. Ich fände es gut, wenn die deutschen Schulen mit gutem Beispiel vorangingen.

In diesen Zusammenhang gehört natürlich auch die Frage nach der Lehrerschaft. Es ist verständlich, dass am Anfang auch Lehrkräfte beschäftigt werden, die keine wissenschaftliche Ausbildung in einer der lokalen Sprachen, etwa in der Witwatersrand-Universität, erhalten haben, und es ist besser, zu beginnen, als alles aus Mangel an Kräften treiben zu lassen. Dennoch sollte man sich um eine Zusatzausbildung bemühen.

Die wesentlichste Entscheidung zum gegenwärtigen Zeitpunkt ist aber gewiss die, wie die Unterrichtsmaterialien beschaffen sein müssen, und darauf hätte ich mit diesen Zeilen gern nachdrücklich hingewiesen.

Über die Bedeutung des Sprachstudiums für die Mission[1]

Dieter Mascher, 1983

Einer der für die Mission wichtigen Aufträge, die Pastor Dr. Olav Hanssen, der damalige Leiter der Koinonia[2], uns 1964 auf den Weg gab, als wir nach Transvaal ausreisten, war: alles daran zu setzen, die Sprache Setswana nach wissenschaftlichen Methoden zu erlernen, um über das damals übliche Erlernen der Sprache bei einem Missionar hinauszukommen. Dieser Auftrag führte uns dann an die Witwatersrand Universität in Johannesburg in das Department of African Languages unter der Leitung von Professor Desmond T. Cole, der in diesem Jahr nun in den Ruhestand getreten ist. Seit damals ist der Wille, die lokalen Sprachen als Tonsprachen auf wissenschaftliche Weise und so gut wie nur irgend möglich zu erlernen, in der Koinonia, in der Gruppe 153[3], besonders auch bei den Kleinen Brüdern[4], und bei vielen anderen leidenschaftlich und ungebrochen.

Der Wille zum festen Gebetsleben und der Wille zum Sprachstudium – wie hängt das zusammen? Nächst dem Scheitern im geistlichen Bereich des Gebets und des Glaubens ist ein Scheitern auf dem Gebiet der Gemeinschaft mit den Menschen vor Ort für das Missionarssein tödlich. Für die Gemeinschaft untereinander ist neben anderem die gute Verständigung in der Sprache von großer Bedeutung. Das Reden muss Freude machen, es sollte keine Quälerei sein. Aber mit diesen Bemerkungen stehen beide Punkte, nämlich geistliches Leben und Sprachstudium, noch nebeneinander. Sie sind aber unterschwellig noch stärker verbunden: Eine Frömmigkeit, die das Sehen des Bildes fördert, ist schon damit näher an der fremden Sprache als eine, die in abstrakten Formulierungen lebt: Der Übersetzungsvorgang ist im Bild sehr gut vorbereitet, denn man möchte verständlich machen, was man sieht. Von hier ist der Schritt zur Aufmerksamkeit der Sprache gegenüber nur noch klein.

---

1 Aus: „Gebet & Dienst", Ausgabe 4 / 1983, S.13-15.
2 Die Koinonia ist Communität und Geschwisterschaft in den Gemeinden der evangelischen Kirche verankert und unterstützt das Engagement einzelner Mitglieder in Afrika. Mehr dazu: www.koinonia-online.de.
3 GRUPPE 153 ist eine geistliche Weggemeinschaft, zu der Christen aller Konfessionen eingeladen sind. Ihr Anliegen ist es, den christlichen Glauben als Einheit von religiöser Erfahrung, geistiger Klarheit und gelebter Gemeinschaft zu begreifen und zu gestalten. Mehr dazu: www.gruppe153.de.
4 Ebenfalls eine mit Hermannsburg verbundene Gemeinschaft. Die heutige Evangelische Geschwisterschaft e.V. wurde gegründet als „Kleine Brüder vom Kreuz". Mehr dazu: www.geschwisterschaft.de.

Die größte Not und Versuchung hier auf sprachlichem Gebiet ist nun tatsächlich mit dem Stichwort Ton-Sprache angedeutet. Der normale deutsche Zeitgenosse streckt hier leicht die Waffen, ja selbst in der Witwatersrand Universität müssen sie sich immer wieder selbst bremsen, damit ihnen über den Tönen die Studierenden nicht weglaufen und damit natürlich auch das Geld. Dies ist die Hürde, über die wir nun in sprachlicher Hinsicht vor allem hinüber müssen. Dazu ein herrliches Zitat aus einem amerikanischen Buch, das ich Euch nicht vorenthalten möchte. Unter der Überschrift „Tone in Bantu" heißt es dort:

„Ein angehender Missionar und seine Frau gaben einmal zu, dass sie – als sie wahrnahmen, dass die Sprache in ihrem afrikanischen Arbeitsbereich eine Tonsprache sein würde – sich ernsthaft fragten, ob der Herr sie tatsächlich zu dem missionarischen Dienst berufen hätte. Die Verfasser von Grammatiken haben es oftmals vernachlässigt, die Unterschiede in den Tönen zu beschreiben und haben damit die Theorie vertreten, „dass der Tonaspekt nur durch Beobachtung und praktische Übung gelernt werden kann". Leonard Bloomfield hat das treffend kommentiert (1942): „Solch eine Behauptung ist nicht weniger als ein ausgesprochener Schwindel; denn es ist eine Binsenwahrheit, dass Beobachtung und praktische Übung der einzige Weg sind, auf dem etwas gelernt werden kann". Andere verwerfen das Thema des Sprachtones überhaupt mit nur einer kurzen Feststellung folgender Art: „Der Ton ist wichtig, wie es an den folgenden Beispielen zu sehen ist (es folgen dann zwei oder drei Beispiele); jedoch wird der Ton in dieser Grammatik nicht weiter besonders betont. Eine Grammatik diskutiert die Tonfrage ziemlich umfassend, verweist sie dann aber auf einen Anhang, der zu diesem Thema ausdrücklich nur für solche Personen angefügt ist, die besonders daran interessiert sind und die sich selbst in der Hinsicht als besonders begabt halten. Weitaus mehr Grammatiken – mehr als die Hälfte von über 100 Grammatiken zu afrikanischen Tonsprachen, die dahingehend untersucht wurden – ignorieren überhaupt jegliche Erwähnung des Tones in der Sprache; einige gehen so weit, dass sie feststellen, dass die Sprache, um die es geht, eindeutig keine Tonsprache sei, obwohl bereits eine geringfügige Untersuchung eindeutig klären würde, dass das Gegenteil offensichtlich der Fall ist. Eine erschütternde Anzahl von Menschen, die sich mit afrikanischen Sprachen befassen, scheinen im Blick auf den Ton-Aspekt an einen speziellen esoterischen, unergründlichen und höchst unglücklichen Zuwachs zu denken, der charakteristisch für unterprivilegierte Sprachen ist – eine Art krebsartigen Schaden, der einen sonst ganz normalen linguistischen Organismus betrifft. Da man sich nicht vorstellen kann, dass es eine Heilung – oder jedenfalls eine verlässliche Diagnose – für diesen bedauernswerten Schaden gibt, ist die übliche Behandlung, dass man ihn in der Hoffnung ignoriert, dass er von selbst verschwinden würde. Mit einer etwas mehr optimistischen Einstellung bat eine Gruppe von Sprachschülern in Afrika einen ausgebildeten Linguisten, dass er doch zu ihnen kommen möchte, um ihnen bei dem Versuch zu helfen, „die Tonangelegenheit in der lokalen Sprache loszuwerden".

Nun ist es nicht zu ignorieren, dass es eine Gefahr der Übervereinfachung im Blick auf die tonale Struktur in einer Sprache gibt; der Intellektuelle ist versucht, mit Herablassung daranzugehen. Aber gleichzeitig sollte uns das tatsächliche Faktum der Töne nicht bei unseren wissenschaftlichen Bemühungen erschüttern oder uns dazu führen, dass wir unsere Köpfe im Sand „unzureichender Daten" vergraben. Im Prinzip sind die Unterschiede und die Funktionen der tonbezogenen Kontraste in einer Sprache von derselben Bedeutung wie die Unterschiede und Funktionen irgendwelcher anderen Kontraste; die Probleme der Tonanalyse sind eben nur typische Probleme der linguistischen Analyse.

Viele der jüngeren Vertreter derer, die Sprachen erforschen, haben sich auf dieses Faktum der Tonalität eingelassen, aber selbst unter ihnen ist die Haltung nur zu verbreitet, dass sie zunächst vorziehen würden, die Konsonanten und Vokale zu beherrschen, den wesentlichen Teil der Grammatik und einen großen Teil der Vokabeln, und dann würden sie sich um das – so angenommene - knorrige Problem der Töne bemühen. Abgesehen von noch wichtigeren Erwägungen zu den möglichen Funktionen der Töne in einer Sprache gibt es noch einen ausgesprochen praktischen Grund dafür, dass diese Prozedur des Lernens zum Scheitern verurteilt ist. Zu der Zeit, in der ein Sprachforscher sich dafür entscheidet, sich um die Ton-Frage zu kümmern und sie zu lernen, werden die Leute, von denen er die Sprache gelernt hat, längst beschlossen haben, dass er ihre Sprache nie richtig wird aussprechen können. Zu dem Zeitpunkt werden sie aufgegeben haben, ihn zu korrigieren, und sie werden keineswegs verstehen können, warum er sich jetzt überhaupt noch bemüht. Für den einheimische Sprecher einer Ton-Sprache ist der Ton ein ebenso grundsätzliches Element seines Sprechens wie die Konsonanten und die Vokale; wenn es nicht bereits am Anfang einen Fortschritt in der Hinsicht der Aussprache gibt, wird es keinen Grund dafür geben, dass man irgendeine Verbesserung erst noch später erwarten kann.

Wenn andererseits die einheimischen Sprecher einer afrikanische Sprache etwas Erfahrung mit den kümmerlichen Bemühungen der Nicht-Afrikaner mit dem Erlernen ihrer Sprache in der Vergangenheit gesammelt haben und mit dem oft unverständlichen Kauderwelsch, das dabei herausgekommen ist, dann hat jedoch der Sprachenstudent, der bereit ist, sich akkurat um jedes Detail von Anfang an zu bemühen, einen riesigen Vorteil. Er wird dann als ein hoffnungsvoller Sprachenschüler angesehen werden, vielleicht sogar als der erste, der wirklich nachgeahmt hat, was er tatsächlich hörte; und solch einem Schüler wird eine geduldige, gründliche Hilfe von denen entgegenkommen, mit denen er kommunizieren möchte.

Das Problem des Ton-Aspektes in afrikanischen Sprachen ist daher der höchst angemessene Anfangspunkt für den Analysierer wie den Schüler. Es ist auch keineswegs so elend wie es oftmals angenommen wird. Eine spezielle Musikalität hat wenig oder gar nichts damit zu tun, dass jemand den Ton in einer Sprache hören oder reproduzieren kann. Im Gegenteil, die Behauptung, dass jemand ‚ton-taub‘ sei, gilt nicht als Entschuldigung. Studenten, die beim Singen buchstäblich nicht die Höhe ihrer Stimme variieren können und die verschiedene Melodien nach ihrem Rhythmus unterscheiden können und nicht bei der Tonhöhe, haben durchaus schon Tonsprachen beherrscht. Und bei fortgeschrittene Studenten der Musik mit perfekter Beherrschung der Tonhöhen, die die kleinsten Tonhöhenveränderungen bei ihren Sprachlehrern wahrnehmen können, hat man erfahren, dass sie beim Sprechen der Sprache den Ton komplett ignorieren. Die Gründe dafür sind bisher noch nicht ganz klar, warum manche Sprachschüler mehr Schwierigkeiten mit den Tönen haben als andere. Aber keiner kann von vornherein vorhersagen, dass er den Ton-Aspekt für hoffnungslos schwierig hält, und viele werden überrascht darüber sein, wie einfach es tatsächlich ist. Der Ton hat etwas zu tun mit den Unterschieden in der Tonhöhe im Fluss des Sprechens, und jeder, der Englisch spricht, wird solche Unterscheidungen in der Tonhöhe wahrnehmen und selbst sprechen, wenn er etwa den Unterschied feststellt zwischen der Frage „This is living?" und der Aussage „This is living".
(Auszug aus: Wm. E. Welmers, African Language Structures, pp.77-79. University of California Press, Berkeley. 1973)

Wir sind hier kräftig dabei, uns sprachlich in der Mission zu vervollkommnen, wenn auch manche Missionare dies für übertrieben halten. Eine andere große Sprachfamilie, in der die Sprachtöne so wichtig wie Konsonanten und wie Vokabeln sind, sind die chinesischen und damit verwandten Sprachen in Ostasien (Burma, Thailand, Vietnam). Und auch in Amerika gibt es viele Tonsprachen. Eine Mission, die sich große Mühe mit der sprachlichen Seite gibt, sind die Wycliff-Bibelübersetzer, die sich besonders unerforschter Sprachen annehmen. Die Witwatersrand Universität hat gute Verbindungen zu deren Institutionen in Kalifornien. Die deutsche Zweigstelle in Burbach-Holzhausen bei Siegen gibt sprachwissenschaftliche Kurse, die schon viele Hermannsburger Missionare besucht haben.
Nun kann es sich schon gar nicht hier im südlichen Afrika bei einer solchen

Bewegung nur um die Missionare handeln. Auch wer als Nicht-Theologe geistlich lebendig lebt und nach geistlichem Austausch mit dem Einheimischen drängt, hat denselben Wunsch wie der Missionar, die Sprache gut zu lernen. Es gibt auch kaum wirkliches Verstehen des Gegenübers, ohne seine Sprache zu kennen. Hier im südlichen Afrika ist es so, daß sehr viele Schwarze eine oder mehrere europäische Sprachen mehr oder weniger gut beherrschen und von daher die Sprecher dieser Sprachen gut verstehen, während vielen Weißen der schwarze Mensch ein Buch mit sieben Siegeln ist, auch deswegen, weil man seine Sprache nicht sprechen kann. Bis ins Politische hinein spielt dieses Missverhältnis eine schlimme Rolle. So halte ich es für zukunftsweisend, dass sich Glieder der unserer Gruppe 153 vergleichbaren Jugendbewegung in der deutschen weißen lutherischen Kirche in Pretoria nach Studientagungen mit Klaus Vollmer seit September 1980 in sehr gründlichen Abendkursen, die auf sechs Jahre geplant sind, dem Studium der Tswanasprache widmen, wobei meine Frau und ich ihnen helfen. Wir haben neulich gerade wieder ein Examen schreiben lassen und haben den Eindruck, dass die Sache zündet, und dass sich den Mitgliedern nicht nur ganz neue Bereiche auftun, sondern sie auch wissenschaftlich wirklich gute Leistungen erbringen, obwohl sie sämtlich in schwierigen Berufen oder Studien stehen. Sehr viele haben nicht durchgehalten und sind fortgeblieben, aber es ist doch ein fester Kern da, der durchhalten will und von dem man viel erwarten kann.

Über das Privileg die Sprache Setswana mit ihrem Tonsystem zu lernen

Sabine Zerbian

„*Without language, one cannot talk to people and understand them; one cannot share their hopes and aspirations, grasp their history, appreciate their poetry, or savor their songs.*" — Nelson Mandela, Long Walk to Freedom [1]

Würde mich jemand um Rat fragen, wie er oder sie am besten Setswana lernen kann, würde ich ihm oder ihr raten, nach Schülerinnen und Schülern von Dieter Mascher zu suchen, weil er ein Lehrer war, der Setswana mitsamt seinem Tonsystem gelehrt hat und seine SchülerInnen dieses Wissen weitergeben können.

Ton gehört in dieser Sprache zur Bedeutung dazu wie in anderen Sprachen Vokale und Konsonanten [2]. Es handelt sich bei Ton nicht um Betonung, wie sie aus dem Deutschen bekannt ist, sondern um wechselnde Tonhöhen auf potentiell einer jeden Silbe eines Wortes. MuttersprachlerInnen wissen das implizit und/oder explizit, sie erlernen tonale Unterscheidungen im Rahmen des Erstspracherwerbs so wie sie bedeutungsunterscheidende Funktionen von Vokalen und Konsonanten erlernen. [3] SprachwissenschaftlerInnen wissen das auch, und es gibt einige linguistische Abhandlungen zum komplexen Tonsystem des Tswana [4].

Fremdspracherwerb ist jedoch nicht mit Mutterspracherwerb vergleichbar. Ab einem gewissen Alter reicht es nicht mehr aus, der Sprache nur ausgesetzt zu sein, um all ihre linguistischen Merkmale zu erwerben. Dafür gibt es Sprachlehrende, die die Struktur der Zielsprache in ihren Feinheiten kennen und mit ihrem pädagogischen und didaktischen Wissen Gemeinsamkeiten und Unterschiede zwischen Muttersprache und Zielsprache Sprachlernenden zu ihrem Nutzen nahe bringen können. Das Ziel des Fremdsprache-Lehrens sollte immer die vollkommene Beherrschung der Zielsprache sein, daher muss allen zur Bedeutung beitragenden Komponen-

---

1 „*Ohne (Kenntnis der) Sprache kann jemand weder mit Menschen sprechen noch sie verstehen, seine Hoffnungen und Ziele teilen, ihre Geschichte verstehen, die Dichtkunst schätzen oder ihre Lieder genießen.*"
2 Siehe Zerbian (2009) für eine kontrastive Analyse der Lautsysteme der Sotho-Tswana-Sprachen.
3 Demuth 1993.
4 z. B. Chebanne et al. 1997.

ten (Vokale, Konsonanten, Ton) Beachtung geschenkt werden. Sich erst später im Erwerb dem Aspekt Ton zuzuwenden, macht keinen Sinn. Zu lange wurde dann eine falsche oder nicht zielgerechte Aussprache gelernt, die nur mit großen Mühen wieder verändert werden kann. Didaktisch ist es klug, Töne auf Wörtern zu markieren, so wie im Wörterbuch auch der Wortakzent in einer Sprache wie Deutsch oder Englisch markiert ist, und so wie es auch Dieter Mascher und vor ihm Prof. Cole in ihren Sprachlehrwerken tun. Dann lernen Auge und Ohr zusammen. Chebanne et al. (2003) schlagen vor, dass die offizielle Orthographie für Setswana die unterschiedlichen Bedürfnisse von MuttersprachlerInnen und Sprachenlernenden hinsichtlich Tonmarkierungen anerkennen soll, und Tonmarkierung in Wörterbüchern, Grammatiken und anderer pädagogischer Sprachlernliteratur genutzt werden sollte.

Überraschenderweise ist das (immer noch) nicht die gängige Praxis in den Sprachlehrmaterialien der Sprachen von Südafrika. Setswana ist kein Einzelfall. Als ich 2002 angefangen habe an meiner Dissertation zu sprachwissenschaftlichen Aspekten des Nord-Sotho zu arbeiten und auf der Suche nach einem Sprachkurs war, der auch dem Tonsystem Beachtung schenkt, wurde ich nicht fündig. Einzige Ausnahme war das Beispiel ò („du") und ó („er, sie") dar, die Kongruenzmarkierer der 2. und 3.Person (vereinfacht ausgedrückt). Sie bilden ein sogenanntes Minimalpaar, weil sie sich nur im Ton unterscheiden, der aber für die Bedeutung ausschlaggebend ist. Ich habe verschiedene Sprachlernbücher durchforstet und Kontakt zu Sprachschulen, Sprachlehrenden und Sprachabteilungen an Universitäten in Gauteng aufgenommen. Ohne Erfolg. So habe ich mich als interessierte Sprachlernerin angestrengt, mir induktiv aufgrund der wahrgenommenen Tonhöhe auf diesen beiden Morphemen das Tonsystem der Sprache zu erschließen. Eine Aufgabe, die nicht von Erfolg gekrönt war, auch deswegen weil beide Prozesse, nämlich einerseits die linguistische Analyse des Tonsystems einer Sprache und andererseits das Fremdsprachenlernen, unterschiedlich vorgehen[5] und unterschiedlich schnell vorangehen.

Ton wird nicht in jedem Fremdsprachunterricht vernachlässigt, in dem es um den Erwerb von Tonsprachen geht. Mandarin Chinesisch ist eine Tonsprache, die nicht nur, wie das Setswana, zwischen zwei Tonhöhen unterscheidet, sondern zwischen vier bis fünf. Wenn man Chinesisch als Fremdsprache lernt, lernt man die Töne für die Wörter mit dazu. Eine Vokabel ist also ein Wort bestehend aus Vokalen, Konsonanten und Ton. Im Fremdspracherwerb lehrt und lernt man also durchaus Ton.

---

5 *Das unterschiedliche Vorgehen dieser beiden Prozesse spiegelt sich darin wider, dass Dieter Maschers Kurs des Tswana die Zeitformen des Verbes nach tonalen Aspekten einführt, wobei im Fremdsprachunterricht gewöhnlich mit der Kurz- und Langform des Präsens angefangen wird.*

Wieso ist das nicht im Setswana auch so? Da hört man viele Argumente: „Ton eignet man sich an, wenn die Sprache hört", „man kann sich den Ton aus dem Kontext erschließen", „die Sprache ist schon schwer genug", etc. Ein Argument ist aus linguistischer Sicht interessant: „Ton hat keine starke funktionale Bedeutung im Setswana, es gibt nicht so viele Minimalpaare wie im Mandarin Chinesisch, wo nur der Ton den Unterschied macht". In der Tat gibt es weniger lexikalische Minimalpaare im Setswana als im Mandarin Chinesisch, d.h. ein Wort, das je nach Ton unterschiedliche Bedeutung hat.[6] Aber Ton im Setswana hat auch sogenannte grammatische Funktion, d. h. Zeitformen eines Verbs werden durch Ton unterschieden, oder Aspekt oder Person etc. Das hat mit der Struktur der Sprache zu tun: Mandarin Chinesisch ist eine isolierende Sprache ohne Flektion. Setswana ist eine agglutinierende Sprache, wo an einen lexikalischen Stamm, z. B. einem verbalen Stamm, viele Präfixe und Suffixe angehängt werden, um die grammatische Bedeutung zu spezifizieren. Ein anderes Argument bezieht sich auf die typographischen „Schwierigkeiten" bei der Tonmarkierung, besonders wenn Diakritika bereits für die Kennzeichnung der Vokalqualitäten verwendet werden, die nicht in der Standard-Orthographie unterschieden werden. Deswegen wird Ton manchmal nicht auf dem Wort markiert, sondern mittels H (für hoog- hoch) und L (für laag – tief) neben dem Wort.[7]

Nun ist es so, dass es für das Lehren von Ton (wie für das Lehren von Sprachen allgemein) keine ausreichende Qualifikation ist, muttersprachlich zu sein. Eine analytische Kenntnis der linguistischen Strukturen ist notwendig, um diese weitergeben zu können. Nicht-MuttersprachlerInnen können da durchaus einen Vorteil haben, weil sie eben diese Strukturen beim Lernen und Verstehen bereits durchdrungen haben müssen.

Jeder, der bei Dieter Mascher Setswana gelernt hat, kennt die zwei zentralen Nachschlagewerke von Prof. Desmond T Cole, ehemals Professor an der University of the Witwatersrand, nämlich das Büchlein „A course in Tswana"[8] und Coles Grammatik „An Introduction to Tswana Grammar" (1955). Prof. Cole hat Ton vollste Beachtung geschenkt. Dieter Mascher und seine Frau Maria haben bei ihrer Ankunft in Südafrika bei ihm Setswana gelernt. Dieter Mascher hat dann das gelernte System in seinen Kurs integriert und durch sein langjähriges Sprachenlernen didaktisch aufbereitet und weiterentwickelt und auch farblich umgesetzt.

Diese Farben, das Visuelle seines Setswana-Lehrens, war das erste, was mir ins Auge gefallen ist, als ich bei meiner Suche nach Sotho-Lehrenden, die

---

6   siehe auch Roux 2001 für isiXhosa.
7   siehe Kriel & Van Wyk 1989 für das Nord-Sotho.
8   Cole & Mokaila 1962.

das Tonsystem lehren, über verschlungene Wege gehört habe, dass Dieter Mascher Setswana mitsamt seinem Tonsystem lehrt. Ich durfte Einblick nehmen in die Lehrmaterialien. Aber ohne Einweisung sind sie zunächst schwer nachvollziehbar. So nahm ich 2007 Kontakt zu ihm auf und fragte, ob ich bei ihm Unterricht nehmen konnte. Ich hatte zu der Zeit eine Dozentenstelle in der Abteilung Linguistik der University of the Witwatersrand inne. So fuhr ich dann in den Jahren 2008 und 2009 einmal im Monat für ein Wochenende von Johannesburg nach Vryburg, Freitag früh hin, Sonntag nach dem Gottesdienst wieder zurück, um bei Dieter Mascher Setswana zu lernen. Ich habe Tswana mit seinem Tonsystem gelernt und noch weit mehr als das, wofür ich Maschers in großem Dank verbunden bin.[9]

Die Texte, die Dieter Mascher zum Sprache lehren verfasst hat und von denen zwei auch in diesem Gedenkband abgedruckt sind, sprechen vielen, und auch ganz besonders einer Linguistin wie mir, aus dem Herzen. 2011 hat Prof. Cole ein einsprachiges Setswana-Wörterbuch veröffentlicht, das, wie in seiner Grammatik 1955 angekündigt, eine Darlegung des Tonsystems des Setswana beinhaltet. Möge das Wissen zu Ton im Setswana durch die Schülerinnen und Schüler von Prof. Cole und Moruti[10] Mascher weitergelehrt werden!

Literaturverzeichnis

Chebanne, A., Mokitimi, M., Matlosa, L. Nakin, R., Wakumelo Nkolola, Mokgoatšana, & Machobane, M. 2003. The standard unified orthography for Sotho/Tswana languages. Kapstadt: CASAS.

Chebanne, A.M., Creissels, D. & Nkhwa, H.W. 1997. Tonal morphology of the Setswana verb. München: Lincom Europa.

Cole, D.T. & Mokaila, D.M. 1962. A course in Tswana. Washington: Georgetown University Press.

Cole, D.T. 1955. An Introduction to Tswana grammar. Cape Town: Longman.

Cole, D.T. & Moncho-Warren, L.M. 2011. Macmillan Setswana and English Illustrated Dictionary. Gauteng: Macmillan South Africa publishers.

9 _Der Artikel der Autorin zur Intonation im Tswana (Zerbian 2016) ist Dieter Mascher gewidmet._
10 _Setswana für LehrerIn bzw. PastorIn._

Demuth, Katherine. 1993. Issues in the acquisition of the Sesotho tonal system. Journal of Child Language 20(2): 275-301.

Kriel, T.J. & van Wyk, E.B. 1966. Pukuntšu – Woordeboek (Noord-Sotho – Afrikaans, Afrikaans – Noord-Sotho). Pretoria: Van Schaik.

Roux, J. C. 2001. Xhosa: A tone or a pitch-accent language? SAJAL Supplement 36: 33-50.

Zerbian, S. 2009. A contrastive analysis of the sound structure of Sotho-Tswana for second-language acquisition, Journal for Language Teaching/ Tydskrif vir Taalonderrig 43/2: 131-152.

Zerbian, S. 2016. Intonation in Sotho-Tswana. In: L.J. Downing & A. Rialland (Hrsg.). Intonation in African Tone Languages. Berlin: Mouton de Gruyter. Seiten 393-433.

Prof. Dr. Sabine Zerbian

Professorin für Englische Sprachwissenschaft an der Universität Stuttgart, Wohnort Stuttgart.

„Ich habe Dieter Mascher kennengelernt, als ich bei ihm in Vryburg in 2008 und 2009 privat Tswana-Unterricht genommen habe."

Wie man in Afrika lesen lernt
Angelika Krug

Im letzten Jahr begann ich, Mpho bei ihren Hausaufgaben zu helfen. Mpho ist acht Jahr alt, sie lebt mit ihrer Mutter und Großmutter im ärmeren Teil von Mafikeng. Beide Erwachsenen haben viel an ihren chronischen Krankheiten zu tragen.

1. Retardierung?

Im letzten Jahr musste Mpho die zweite Klasse wiederholen; die Lehrer teilten der Großmutter mit, dass Mpho wohl mental zurückgeblieben ist. Ich kenne die Familie ein wenig, war mir aber nicht sicher über diese angebliche Zurückgebliebenheit. Also bat ich Undine, sich Mpho auch einmal anzuschauen. Undine ist Physiotherapeutin mit einem Arbeitsschwerpunkt in der Entwicklung von Kindern. Auch ist sie Koinonia-Schwester in der Communität. Danach entwickelten Undine und ich einen Plan, wie wir in Zukunft Mpho und ihrer Großmutter an einigen Samstagnachmittagen mit den Schularbeiten helfen können.

Die Lehrkräfte hatten mir erzählt, dass Mpho Gedächtnisschwund habe und manchmal Episoden völliger Desorientierung durchlebe. Auch als ich mit ihr Lesen üben wollte, hatte sie einige solche Zeiten. Daraufhin nahm ich mit einer Kinderpsychologin Kontakt auf, die mich eingehend zu Mphos sozialem Hintergrund befragte. Mphos älterer Bruder hatte Alkohol- und Aggressionsprobleme, Mutter und Großmutter sind chronisch krank, so dass sie keinen sicheren Kontakt zu einem älteren Familienmitglied hat. Das macht Mpho sehr verletzlich. Sie ist depressiv und sehr ängstlich, was sie beim Lernen hindert.

So sieht die Situation bei ganz vielen Kindern in Südafrika aus. Sie haben wie Mpho viel Gegenwind in der Schule und Zuhause. Die MitschülerInnen und Lehrkräfte, die Eltern, alle sagen „Mpho kann nichts lernen". Mpho selber sagt irgendwann „Ich kann nichts lernen".
Doch wir begannen und lernten. Immer, wenn es zuhause schwierig wurde, es Unterbrechungen gab, fiel Mpho in ihr „Nicht-Lernen-Können" zurück. Prompt kam es wieder von den Erwachsenen: „Ich hab's doch gesagt, Mpho kann nichts lernen!"

Wie kann man mit dieser negative Selbsteinschätzung umgehen, wie auf dieses gänzlich fehlende Selbstbewusstsein reagieren? Hier muss der Heilige Geist helfen. Also machen Mpho und ich an unseren Nachmittagen nach der „Schule" noch die „Sonntagsschule". Dazu kommen sogar Kinder aus der Nachbarschaft und die Erwachsenen aus dem Haus. In der Sonntagsschule lernen wir alle: Alle Kinder hier sind geliebt und angenommen. Mpho und die anderen haben Gaben, denn sie sind nach Gottes Ebenbild geschaffen. Und selbst wenn sie keinen Vater an ihrer Seite haben, so haben sie doch immer ihren Himmlischen Vater, der sie annimmt und liebt.

2. Verwirrung in der Schule

Manchmal fahre ich in die Schule, um mit Mphos Lehrerinnen zu sprechen. In einer armen Gegend wie dieser ist die Schule extrem schlecht ausgestattet, es fehlt an Büchern, ja selbst an Buchläden. Korruption verhindert die gerechte Verteilung von Unterstützungsgeldern und Buch-Geld. Weil die Erfolge des südafrikanischen Bildungswesens schlecht sind, wird der Lehrplan jährlich geändert. Das soll Verbesserungen bringen, aber es verwirrt die Lehrkräfte nur. Leider bekommen die entsprechenden Verantwortlichen diese Unzulänglichkeiten nicht mit, da ihre Kinder in teure Privatschulen gehen, die es in allen großen Städten gibt.

Manchmal wollte ich aufgeben. Aber Mpho wollte lernen! Und mit der Zeit wurde sie besser: Ihre Konzentration hielt länger, sie wurde innerlich ruhiger. Wenn ihre Großmutter gesund genug war, übten sie zusammen Schreiben und Mathematik. Meine Freunde und Geschwister rieten mir zu, die Hoffnung nicht zu verlieren. Und es macht mir Spaß, das Lehren und die Christenlehre!

Mpho muss in der Sprache Tswana lernen. Das war anfangs besonders schwer, weil ihre Familie mehr isiXhosa spricht, aber sie sind inzwischen zu Tswana übergegangen. Für mich halten die Tswana-Bücher viele Überraschungen parat. Immer freitags gehe ich zu einer meiner Krankenschwestern, die Motswana ist, und frage nach, was wirklich gemeint ist, denn das Buch-Tswana ist schwer. Manche Begriffe sind alt und aus anderen Dialekten, manche sind extra neu erfunden worden, werden aber im alltäglichen Sprachgebrauch gar nicht verwendet. Ich habe wirklich schätzen gelernt, dass Martin Luther die Bibel nicht nach der Hochsprache, sondern nach der gesprochenen Sprache des Volks übersetzt hat. Für ihn musste die Schriftsprache die lebendige Sprache wiedergeben, nicht die Sprache der Wissenschaft sein! Leider ist das bei den Tswana-Schulbüchern anders. Sogar die Lehrkräfte verzweifeln manchmal: „Wir sind so dumm, wir verstehen dieses „Hoch-Tswana" auch nicht".

Im Dezember konnten wir dann feiern: Mpho hat die zweite Klasse geschafft, dem Herrn sei Dank!

3. Fehlende Zweitsprachentheorie

Nun arbeiten wir an den Materialien der dritten Klasse. Ich ging für Mpho Bücher kaufen. Bemerkenswert ist, dass drei der vier Bücher auf English geschrieben sind, aber kein Buch dabei ist, wie man English lernt. Ich frage die Lehrkräfte, wie das gehen soll. Viele improvisieren oder nutzen die alten Schulbücher, mit denen sie selber English gelernt haben. Es scheint kein Konzept zu geben, wie man English als zweite Sprache lehren soll. Die Kinder werden in die englische Sprache wie ins Wasser geworfen und dann soll das Wasser ihnen beibringen zu schwimmen!

Von Dieter Mascher, Missionar und Tswana-Lehrer aus Vryburg, der nun in Pension ist, wissen wir inzwischen alle, dass dies nicht mit zwei Sprachen funktionieren kann, die strukturell so komplett verschieden sind wie Tswana und Englisch.

Es macht traurig, dass die Kinder in Südafrika so gering geschätzt werden. Jesus hat die Kinder so geliebt! Die meisten Kinder hier werden mit hoher Wahrscheinlichkeit die Schule verlassen müssen. Sie werden zu früh sexuelle Erfahrungen machen, weil sie so dringend nach ein wenig Anerkennung und Geborgenheit suchen; und sie werden dann irgendwann an Aids sterben.

Der Bedarf nach Hilfe und Unterstützung in der Bildung und Erziehung, in Sonntagsschule und Christenlehre ist riesig, damit diese junge Generation einen sicheren Weg in ihre Zukunft finden kann! Dank intensiver Begleitung konnte ich zumindest Mpho einen solchen Weg aufzeigen.

Als Kinderärztin in Südafrika beschreibe ich hier meine Erfahrungen mit dem Grundschulsystem in Südafrika und den Sprachbarrieren, mit denen die Kinder sich abmühen müssen.

Ich war beeindruckt wie sehr das Erlernen der afrikanischen Muttersprache für Dieter Mascher ein Schlüssel war, um in einer neuen Kultur anzukommen. Diese Erfahrung hatte ich selber gemacht, als ich in Finnland und Schweden aufgewachsen war. Er machte uns klar, dass afrikanische Sprachen hochkomplex und logisch sind, aber eben ganz anders, als alles, was wir kennen. Die Sprache ist Grundlage für das Denken, für das Leben, für Entwicklung und Zukunft und somit auch Grundlage für jede Berufsausübung in einem fremden Land. Glaube kann nur über Gespräch geteilt werden, also wieder zu hundert Prozent Sprache!

Wir waren als Studierende an Entwicklung, an Menschenrechten und an einer gerechten Zukunft für Afrika interessiert. Und es war klar, das alles geht nur über Sprache. Wichtige Impulse bekam ich in den Anfangsjahren auch von Pastor Hans Otto Harms in Hermannsburg, von Pastor Wolfram Kistner in Johannesburg und von Katholischen Ordensschwestern. Genauso wie Dieter Mascher haben sie mir aus verschiedenen Perspektiven immer wieder gezeigt: Ich werde in Afrika ein Leben lang eine Lernende bleiben, die vom Zuhören und Hinhören lebt. Das größte Kompliment war vielleicht, dass ich bis zu meinen letzten Tagen in Afrika 2012 immer wieder von Tswanas in meiner Tswanasprache korrigiert wurde. Und die Grundlage für dieses Immer-weiter-Lernen hatte Dieter Mascher mit seinem leidenschaftlichen Unterricht gelegt.

Dr. Angelika Krug

Jahrgang 1956. Medizinstudium in Göttingen.

„Ich war in Göttingen von 1975-1981 im Koinonia-Studenten-kreis in der Albani-Gemeinde. Dieter Mascher hat dort Referate gehalten, wenn er in Deutschland im Heimaturlaub war. Er hat dann von 1980 an in Deutschland für das neu geplante Krankenhaus in Lehurutshe (in Bophuthatswana in Südafrika) christliche Ärzte geworben."

Von 1984-2012 in Südafrika, Sprachkurs in Johannesburg (Süd-Sotho) und Tswanakurs bei Dieter Mascher. Arbeit als Allgemeinärztin und später Kinderfachärztin. Mitglied der Gebetsfrauenbewegung.

Seit 2012 Kinderärztliche Tätigkeit in Halle.

„Wir werden nicht müde davon zu reden"

Wolfgang Hermann

Nach einigen inneren Kämpfen während meiner Zeit in der Mitarbeiterschule in Hermannsburg und den ersten Semestern meines Studiums in Heidelberg kam ich zu der Überzeugung, dass es mein Weg ist, „Laienmissionar" zu werden, das heißt als Arzt nach Afrika zu gehen. Mit großen Ohren hörte ich als junger Assistenzarzt Dieters Vortrag am 7. November 1987 bei der Tagung des Missionsarbeitskreises für Studenten und Berufstätige (MKSB) in Homberg/Efze und es bewegte mich sehr, diesen Vortrag nach mehr als 30 Jahren noch einmal auf Kassette zu hören. „Im südlichen Afrika kann der weiße Laienmissionar ohne Kenntnis der Volksprache seine Solidarität in der Kirche gar nicht ausdrücken und auch geistliche Gespräche mit Kranken oder mit Schülern... kann er nur durch Kenntnis der Sprache wirklich führen und seine Mitarbeit in der Erziehung, wenn sie akzeptiert wird, kann nur von daher fruchtbar sein", sagte er. Das überzeugte mich. Im September 1991 ging ich nach Südafrika. Nach einer kurzen Orientierungsphase im GaRankuwa-Hospital bat ich Dieter, mich in Setswana zu unterrichten. Denn es gab an keiner Universität in Südafrika einen guten Sprachkurs in Setswana, den ich hätte belegen können. Für zehn Monate aus dem Beruf auszusteigen, um mich ausschließlich dem Lernen einer neuen, fremden Sprache zu widmen, war für mich kein leichter Schritt. Finanziell wurde das durch die Gütergemeinschaft der Communität Koinonia ermöglicht.

Ich habe in diesen Monaten erlebt, dass Dieter nicht nur eine hochkarätige Theorie von Mission im Kopf hatte, sondern bereit war, für seine Einsichten große persönliche Opfer zu bringen. Unvergesslich ist für mich, wie mein Kurs begann. Da standen wir beide vor dem kleinen Tisch in Maschers Wohnzimmer in Bobuampya und er betete. Ich glaube, es war dieses Gebet und die Gebete meiner Geschwister, die mir halfen, auf dem langen Weg, der damals begann, nicht aufzugeben. Dann ging es los: „In Setswana gibt es nicht fünf, sondern sieben Vokale. Es ist eine Tonsprache..." Von da an gab er mir jeden Morgen von sieben bis acht Uhr eine Stunde Setswana. Ich kam dazu zunächst aus Tlhabane angeradelt. Dann deckte er mich mit Hausaufgaben ein, die mich den Tag über beschäftigt hielten. Ich war damals sein einziger Schüler. Jeden Tag hat er eine Stunde der besten Zeit des Tages nur für mich eingesetzt.

Alle 14 Tage ging es am Montag, dem Pastorensonntag, nach Pretoria, wo er am späten Nachmittag und Abend auch anderen Schülern Unterricht gab.

Aber weil sie schon weiter in seinem ausgeklügeltem Kursplan waren, bekam ich auch dort meistens Einzelunterricht. Maria machte mit mir praktische Übungen, während er zum nächsten Schüler weitereilte. Kurz vor Mitternacht kehrten wir nach Bobuampya zurück. Wie war ich frustriert, als ich nach zwei Monaten immer noch keinen vernünftigen Satz auf Setswana sprechen konnte. Er sagte: „Das kommt noch, erst musst du die Strukturen der Sprache verstehen."

Anfang Januar wurde Dieter nach Ramokokastad versetzt. Ich half beim Umzug. Besonders seine umfangreiche Bibliothek zu verstauen, war eine Herausforderung. Nachts um 22 Uhr kamen wir in Ramokokastad an. Am nächsten Morgen, als noch alles in Kisten und Kasten war, gab es um sieben Uhr natürlich erst einmal eine Setswana-Stunde. Von da an wohnte ich unter der Woche bei Maschers im Pfarrhaus und fuhr nur am Wochenende nach Tlhabane. Er hat bei dem Einleben in die neue Umgebung und in der großen Hitze dieses Sommers 1993 eisern durchgehalten, mich täglich zu unterrichten. Mein Kurs endete mit einer Predigt auf der wackligen Kanzel der alten Kirche in Ramokokastad, bei der auch Bischof E.R. Tisane zugegen war. Ich hatte alle Prüfungen bestanden und die Struktur der Sprache verstanden, und doch konnte ich nach diesen zehn Monaten Vollzeitstudium vieles nicht verstehen und nur mühsam kurze Sätze sprechen. Auf lange Sicht hat Dieter aber doch recht behalten. Im Mai 1993 fing ich an, im Gelukspan-Hospital zu arbeiten. Anfangs verstand ich das meiste nicht. Aber weil ich die Strukturen im Kopf hatte wuchs ich, wenn auch sehr langsam, im Laufe der Jahre in das Verstehen und Sprechen hinein.

„Laienmissionare sind Übersetzer der Überlebensmechanismen", sagte Dieter Mascher. In Gelukspan bekam ich die Wucht der wachsenden AIDS-Epidemie hautnah zu spüren. Von 1996 an war ich als Acting Superintendent verantwortlich für die Tuberkulose-Stationen. Jeden Monat wurden es mehr Patienten. Jeden Monat starben mehr. Wir begannen mit den Jugendlichen unserer Kirche über HIV zu sprechen. Dass wir Setswana - wenn auch nicht perfekt - sprechen konnten, hat sicherlich geholfen, dass wir mit ihnen über das Tabuthema Sexualität ins Gespräch kamen. Wir veranstalteten Workshops bald auch für Jugendliche anderer Kirchen und gründeten in Zusammenarbeit mit Christen vor Ort schließlich im Jahr 2002 den Verein Tsibogang Christian Action Group.
Wir haben nach Kräften versucht, die nicht unkomplizierten Konzepte einer Viruserkrankung und Immunschwäche auf Setswana zu erklären. Wie weit ist das durchgedrungen? Das traditionelle Verständnis von Krankheit ist, dass sie die Folge eines Schadzauber ist. Unser Eindruck ist, dass sich viele, trotz aller sprachlichen Erklärungsversuche, das Konzept einer durch

Geschlechtsverkehr übertragenen Viruskrankheit nie wirklich zu eigen gemacht haben. Die Folge ist, dass sie keine Anstrengungen unternehmen, die lebensrettenden virushemmenden Medikamente für sich in Anspruch zu nehmen. Etliche lassen sie nach kurzer Zeit wieder weg. 2017 war das erste Jahr, in dem wir nicht mindestens eine Mitarbeiterin oder einen Mitarbeiter unseres Vereins beerdigen mussten. Noch immer sterben in Südafrika mehr als 300 Menschen täglich an AIDS.

Die HIV-Infektion ist vermeidbar. Als Christen propagierten wir das Wachsen von vertrauensvollen stabilen Beziehungen als das beste Mittel zur AIDS-Prävention. So nannten wir die Gruppe, die sich dem Unterricht von HIV-Prävention in den Schulen gewidmet hat „Tshepanang", das heißt „Vertraut einander". Auch wenn die Übersetzung nicht schlecht sein dürfte, bleibt für viele Tswanas eine vertrauensvolle Beziehung etwas Illusionäres. Die kollektive Enttäuschung, die die Menschen in engen persönlichen Beziehungen erleben, ist sicher ein Grund dafür, warum sich so viele im heutigen Südafrika einem materialistisch geprägten Lebenskonzept zuwenden. So haben wir in den vergangenen Jahrzehnten in mehrfacher Hinsicht die Herausforderung der tiefen Weisheit des Tswana-Sprichworts vom Mosekaphofu, das Dieter am Anfang seines Vortrages zitierte, erfahren. Der um seine Wildziege rechtet, fürchtet sich nicht seine Stimme zu verlieren, weil er ja weiß, dass sie ihm gehört, weil er weiß, was die Wahrheit ist. Wenn wir etwas als wahr erkannt haben, werden wir nicht müde davon zu reden, auch wenn wir offensichtlich nicht damit durchkommen. Dieter selbst ist für mich ein leuchtendes Beispiel eines echten „Mosekaphofu". Auch wenn er mit seinen Einsichten zum muttersprachlichen Unterricht in vieler Hinsicht nicht durchgekommen ist, hat er nie aufgehört, darüber zu reden.

Dr. Wolfgang Hermann

... wuchs in Göttingen auf, wo er in der Evangelischen Jugend Albani geprägt wurde. Nach dem Besuch der Mitarbeiterschule in Hermannsburg studierte er Medizin in Heidelberg. Als seine Assistenzarztzeit abgeschlossen war, reiste er 1991 nach Südafrika aus. 1992/3 lernte er bei Dieter Mascher in Bobuampya/Ramokokastad Setswana. Von 1993-2002 ärztliche Tätigkeit in Gelukspan, davon sechs Jahre als Chefarzt. 2002 Umzug nach Mafikeng und Gründung der Non Profit Organisation Tsibogang Christian Action Group und Teilzeitarbeit im Zeerust Hospital.

Er lebt zusammen mit seiner Frau Christel Hermann in Mafikeng/Südafrika und gehört zur Communität Koinonia.

Dieter Mascher
Freund und Weggefährte
Heinz Strothmann

1957 kam ich als Kreisjugendwart nach Göttingen-Süd. Dieter Mascher war damals stud. theol. in Göttingen, 20 Jahre alt und Mitglied der Evangelischen Jugendarbeit in Göttingen. Ich wurde von Anfang an in den Göttinger Jugendmitarbeiterkreis einbezogen, wo ich auch gleich Dieter Mascher kennenlernte. Die meisten Teilnehmer hatten selbst einen Jugendkreis zu leiten. Wir trafen uns jeden Montagabend im Johannis-Gemeindesaal. Wir verfolgten die Bibelarbeiten am Montagabend mit dem griechischen Nestle auf den Knien; denn die meisten waren Oberschüler mit Griechisch Kenntnissen. Mädchen gab es in unserer Arbeit damals noch nicht, die wurden von einigen Gemeindehelferinnen betreut.

Dieter Mascher war für mich zunächst einmal einer unter vielen. Ich war zuständig für den Kirchenkreis Göttingen-Süd, das waren die Dörfer des südlichen Leinetals von Friedland entlang der Zonengrenze bis Ebergötzen, Waake und Roringen mit 14 bis 16 Pfarrämtern. Ich wohnte in einem möblierten Zimmer im Stegemühlenweg (Göttingen). Schon nach sehr kurzer Zeit besuchte mich Dieter Mascher mit einem Zettel in der Hand, um mich in die Geheimnisse der Göttinger Jugendarbeit mit ihrem Mitarbeiter-Prinzip einzuführen. Er besuchte mich von da an regelmäßig und immer mit einem Zettel in der Hand und sagte gleich:
„Also heute habe ich nur acht Punkte: Erstens, wo könnten wir in deinem Kirchenkreis den nächsten Mitarbeiterkreis gründen? Wer könnte Dir aus dem Göttinger Mitarbeiterkreis dabei helfen? Ich habe schon mit Holger und Salla darüber gesprochen. Ich könnte meines Vaters DKW am Mittwochnachmittag dazu nutzen. Vielleicht komme ich um 14.30 Uhr mit dem Auto zu dir, um Dich nach Friedland zu bringen. Zwei Stunden später hole ich dich dann wieder ab. Zwischenzeitlich besuche ich nämlich den Mitarbeiterkreis in Groß-Lengden, denn da kennen wir ja inzwischen Christian Nadrau, der war im Sommer mit dabei im Zeltlager Dahme. Der weiß auch inzwischen, dass ich Mittwoch komme und mit ihm zusammen einen neuen Jugendkreis gründen will."

Man muss das miterlebt haben, um zu verstehen, dass ich fortan immer feuchte Hände bekam, wenn Dieter Mascher mit einem Zettel in der Hand vor meiner Tür stand. Dieter war ein „bewegter Beweger" und für einen langsamen Ostwestfalen wie mich immer anstrengend. Solange er in Deutschland war, behielt er diese Gewohnheiten mir gegenüber auch bei, weil er mich noch unverbraucht wähnte und besser einsetzen konnte als die schon eingesessenen Göttinger Mitarbeiter, die - wie er meinte - sich selbst genug waren und nicht genug über ihren Göttinger Tellerrand blickten. Dieter war zweifellos der Initiator vieler Aktivitäten unserer Jugendarbeit, weit über den Göttinger Raum hinaus, bis in die unterschiedlichsten Kirchenkreise des Sprengels einschließlich des Landesjugendkonventes im Sachsenhain. Das „Göttinger Mitarbeiterprinzip" wurde im ganzen Land bekannt; bei den einen gerühmt, von den anderen gefürchtet. Rückblickend kann ich heute sagen: Es war ein Glücksfall für mich, gleich einem so motivierten Jugendmitarbeiter zu begegnen, dem ich bis heute unendlich viel zu danken habe. Er war ein „Missionar" und ein „Netzwerker". Er war einer, der auch heute unserer Volkskirche gut täte und jedem angehenden Pastor für dessen Vikarsausbildung verordnet werden sollte. Bis zuletzt stellte er Verbindungen her, wo es sonst keine gab, sowohl strukturell als auch personell. Für unsere Jugendarbeit schärfte er uns ein: In einem Jugendkreis darfst du nie mehr überzeugte Christen haben als Unentschiedene, das führt nämlich zu einem Stillstand der missionarischen Arbeit. Und du musst immer Kontakt zu christlichen Gruppen suchen in den anderen Gemeinden und Regionen.

Im Sommer 1958 hatten wir ein Zeltlager im oberbergischen Land. Eines Tages hatten sich alle Jungen mit Ruß schwarz gefärbt, nur Dieter Mascher blieb ein Weißer, der mit der Bibel in der Hand auf einer Karre unter wildem Palaver durchs Dorf gefahren wurde. Mir war das sehr peinlich, aber die Szene blieb mir doch zeitlebens in Erinnerung. Es war auch Wolfgang Kubik dabei, damals noch ein rüpelhafter Schüler, den Dieter aus Bodenfelde mitgebracht hatte, weil er ihn für entwicklungsfähig hielt und für einen Gewinn in der evangelischen Jugendarbeit. Auch einen polnischen Jungen hatte Dieter aufgetrieben und mitgebracht, der kein Deutsch konnte, außer dem entsetzten Ruf: „0 Jesus-Maria!" Während einer Busfahrt mit den Lagerteilnehmern zur Loreley am Rhein hatte Dieter keinen Blick für die Berge und den Rhein. Er saß neben dem jungen Polen und war begeistert von der Sprachverwandtschaft der polnischen Sprache mit der russischen, die Dieter damals schon besser beherrschte. Während ich aus dem Fenster schaute, um die Schönheiten des Rheins zu genießen, rief Dieter mich immer wieder aus meiner Bewunderung für den Rhein heraus, um mir die Grammatik der polnischen Sprache im Vergleich zur russischen zu erklären.

Dieter konnte für einen durchschnittlich begabten Deutschen schon ziemlich anstrengend sein. Er war so ganz anders als andere Leute! Dieter nahm auch Einfluss auf unsere private Wohnkultur damals am Steinweg in Weende: „Ach, wohnt ihr hier herrlich asozial!" Und seine Empfehlung zu meiner Partnerwahl: „Heinz, nimm dir die Tochter eines Schlossers und nicht eine

Akademikerin!" Dennoch hat er seine Maria sehr verehrt, obwohl sie keine Schlossertochter, sondern eine Pastorentochter war. Wenn er uns in den letzten Jahren besuchte, musste ich ihn stets mit meinem Auto durch den Sprengel Göttingen fahren. Er besuchte dann alte Weggefährten aus vergangenen Tagen, die allesamt nicht wussten, dass er kam.

Meine Frau Anita hat er sehr verehrt, nicht etwa weil er sie so schön fand, sondern weil sie stets für ihn selbstgemachten Holundersaft bereit hielt. Nie vergesse ich dann sein dankbares und liebenswürdiges Lächeln im Gesicht. So war er, Dieter Mascher, mein besonderer Freund und Weggefährte aus alten Tagen.

Pastor Heinz Strothmann

* 02.02.1934 in Gütersloh.

Tischlerlehre, Ausbildung im Johanneum Wuppertal, Jugendwart in Göttingen 1957 bis 1973, Theologische Weiterbildung in Celle, 1974-1985 Gemeindepastor in Dransfeld, 1985-1998 „Pastor der Landeskirche Hannover" im Geistlichen Zentrum Kloster Bursfelde mit dem Schwerpunkt „Bibel-Hermeneutik".

Ab 1998 im Ruhestand in Hann.-Münden.

„Ein Tswana stellt keine zwei Bullen in einen Kraal"

Ronald Herr

Dieter Mascher und seine Frau Maria habe ich im Sommer 1973 kennengelernt. Sie waren gerade auf Heimaturlaub in Deutschland. Ich hatte damals
schon erfahren, dass wir künftig in Südafrika arbeiten sollten. Meine Frau
und ich gehören - wie Maschers - zur Koinonia, dem jetzigen Epiphaniaskreis. So luden uns Maschers nach Buchholz ein. Dieter - als alter Stratege
- „versippte" uns gleich, indem er mich zum Paten für seinen Sohn machte.
Später übernahm er auch die Patenschaft für unseren Sohn. Als wir dann
im September 1973 in Südafrika ankamen, hatten wir mit Maschers gleich
verlässliche Bezugspersonen vor Ort.

Dieter drängte darauf, dass wir die gleiche Sprachausbildung machten,
wie Maria und er sie auch erhalten hatten: Universität in Verbindung mit
Sprachhelfern. In späteren Jahren fing Dieter an, selbst Tswana-Unterricht
zu geben.

Maschers lebten damals in Jericho. Wir entdeckten sehr schnell, dass sie
nicht unumstritten waren. Sie bemühten sich - stärker als die Missionare
bislang - um Integration in die Tswana-Gesellschaft. So lebten sie recht einfach: Das Pfarrhaus war karg eingerichtet, selbst das Trinkwasser musste
von weither angefahren werden.

Maschers hatten sich entschlossen, ihre Kinder in die deutsche Schule der
Gemeinde Kroondal zu schicken. Um ihnen das Internat zu ersparen, mie-
teten sie dort ein Haus, wo Maria mit den Kindern die Woche über wohnte,
um dann am Wochenende mit ihnen in Jericho zu sein.

Dieter entwickelte sich derweil zu einem Fachmann der Tswana-Sprache,
kämpfte um ihren gesellschaftlichen Erhalt und für ihre Verwendung als
Schulsprache. Mit seinen Sprachkursen führte er viele Menschen - nicht nur
Missionare - in die Tswana-Sprache ein.

Er war auch ein großer Stratege und Kirchenpolitiker. Sein erstes kirchen-
politisch bedeutendes Werk war die Aufteilung des damals sehr großen
Odi-Moretele Kirchenkreises in zwei kleinere Kreise. Allerdings war Dieter
kein Praktiker. Für alles Technische war Maria zuständig, die sich mit großer
Hingabe um alle Dinge im Haus kümmerte. Das brachte Dieter manchen
Spott ein und heizte die Diskussion über die Frage an, wie weit sich Missio-
narsfrauen in die Arbeit ihrer Männer integrieren sollten.

Jedenfalls wurde Maria die erste Missionarsfrau, die sich als Gebetsfrau ein-
kleiden ließ. Auch das war zunächst sehr umstritten, wurde dann aber für
die Folgezeit bahnbrechend.

Dieter fuhr einen sehr robusten Pickup. Das war allerdings auch nötig, denn abgesehen von schlechten Straßen war Dieters Fahrstil berüchtigt. Es hieß: Er vermeidet die Schlaglöcher nicht, sondern sucht sie. Außerdem konnte er auf diese Weise neben diversen Materialien auch viele Leute transportieren, die dann oftmals recht gerädert aus dem Auto stiegen.

Als Frauke und ich nach Südafrika kamen, war es zunächst unser Wunsch, mit Maschers zusammen in einem Kirchenkreis zu arbeiten. Dieser Wunsch wurde uns jedoch nicht erfüllt. Wir wurden 300 km weiter westlich nach Bodibe geschickt. Dieters Reaktion darauf war: "Sei nicht traurig, denn so wird unser geistliches und missionarisches Anliegen auf eine breitere Ebene gestellt." Als ich Jahre später Bischof Rapoo nach den Gründen fragte, antwortete er mir: "Ich wollte eure Freundschaft schützen, denn ein Tswana stellt keine zwei Bullen in einen Kraal." Er hatte recht: Obwohl wir hin und wieder verschiedene Vorstellungen hatten und auch aneinandergeraten konnten, hat unsere Freundschaft immer durchgehalten.

Dieter dachte durch und durch missionarisch. Er wollte immer das Evangelium zu den Menschen bringen. Ganz deutlich wird das an seiner Arbeit in Brits. Zwar musste er dort aus Gründen der Apartheid-Politik am Rand der „weißen" Stadt wohnen, aber seine Gemeinde war die „schwarze" Lokation am Rande der Stadt und vor allem ein riesiger aus „weißen" Farmen bestehender „Korridor" (ca. 2000 km²) zwischen zwei Tswana-Bezirken. Diese Arbeit konnte aus den bekannten politischen Gründen nur von einem „weißen" Pastor gemacht werden.

In der Lokation versorgte Dieter eine Tswana-, eine Pedi- und eine Afrikaans-sprachige Gemeinde. Er legte eben sehr großen Wert auf die jeweilige Muttersprache seiner Gemeindeglieder. Darüber hinaus fuhr er die Farmen ab und gründete Gemeinden. 19 waren es zum Schluss, in denen möglichst jeden Sonntag Gottesdienst gehalten wurde. Entscheidend war dabei nicht die Zahl der Leute. Es ging nach dem Motto: Wo zwei oder drei zusammen sind... Oft war es ein völliger Neuanfang, mit viel Tauf- bzw. Konfirmandenunterricht. Und manchmal mussten sogar frisch Konfirmierte den sonntäglichen Gottesdienst übernehmen.

Dieters Wahl zum stellvertretenden Bischof war auch der Grund für seine Versetzung nach Bobuampya. Der Kirchenrat wollte ihn näher am Kirchenzentrum in Tlhabane (Rustenburg) wissen. Für Maschers bedeutete das auch, dass nun die Familie innerhalb der Woche nicht mehr getrennt leben musste, da Bobuampya näher an Kroondal liegt. Dieter wurde zum Superintendent des sehr großen Tlhabane Kirchenkreises gewählt. Auch hier trieb er die Aufteilung des Kirchenkreises in zwei überschaubare Einheiten voran, was dann seine Versetzung nach Phalane bewirkte, wo er wiederum Superintendent wurde.

Mit der Tswana-Kultur fühlte sich Dieter tief verbunden. Schon früh war er unzufrieden mit der Westgrenze der Tswana-Diözese am Kalahari-Rand. Dieter wusste, dass die Tswanas darüber hinaus in Vryburg und bis hin nach Kuruman siedelten. Dieses Gebiet war jedoch kirchlich vernachlässigt. So träumten Dieter und ich schon früh davon, einmal die Arbeit dorthin auszuweiten. Um diesen Traum ein Stück weit wahr werden zu lassen, zogen Maschers nach ihrer Pensionierung nach Vryburg, wo sie den Gemeindeaufbau vorantrieben.

Frauke und ich waren zu der Zeit schon wieder in Deutschland, aber ich habe Maschers auf meinen späteren Südafrikareisen dort zweimal besucht. Dieter hat mir noch 2010 stolz gezeigt, welche Früchte seine Arbeit dort in Vryburg bereits hervorgebracht hat.

Abgesehen von der kirchlichen Arbeit lag Dieter die Koinonia sehr am Herzen. Aus kirchenpolitischen Gründen hielt er sie aber strikt als Privatangelegenheit. Dennoch sammelte er kirchliche Mitarbeiter um sich und traf sich mit ihnen einmal im Monat an seinem freien Montag im sogenannten Marangkreis, wo es wesentlich um geistliche Fragestellungen im Sinne der Koinonia ging. Ein Teil der Teilnehmer dieser Treffen kam dann auch zu unserer jährlichen Einkehr, woraus resultierte, dass wir sie im damaligen Transvaal in der Tswana-Sprache hielten. Für Teilnehmer, die kein Tswana sprachen, wurde übersetzt, z.B. für deutschsprachige oder englischsprachige Personen aus dem Umfeld von Gerd Landmann.

Als wir Koinoniamitglieder zahlenmäßig mehr wurden, drängte Dieter für den Transvaal-Bereich auf Quartalstreffen mit jeweils einem Wochenende im Vierteljahr, die wir auch - trotz großer Entfernungen voneinander - regelmäßig einhielten.

Ja, Dieter hat segensreich in Südafrika gewirkt.

Pastor i. R. Ronald Herr

„Wir haben Maschers im Sommer 1973 kennengelernt. Maschers waren auf Heimaturlaub und waren gerade bei Marias Eltern in Buchholz. Wir standen vor der Ausreise nach Südafrika, hatten von Maschers gehört und wurden von ihnen nach Buchholz eingeladen (ich weiß nicht mehr, ob wir uns nicht auch schon auf dem Hermannsburger Missionsfest im Juni 1973 begegnet waren – wenn, jedenfalls nicht intensiv). Ich wurde gleich gebeten, Stephans Patenonkel zu werden und nach dessen Tod wurde ich Patenonkel von Konstantin. Die Arbeit in Südafrika hat uns dann verbunden. Später wurde Dieter auch Patenonkel zu unserem Sohn Stefan."

Jugendarbeit mit Paulus
Wolfgang Kubik

Was bedeutet mir Dieter Mascher? Es war 1954 in Bodenfelde. Die Hälfte der Jungen meiner Klasse sammelte sich wöchentlich mit Begeisterung zum evangelischen Jugendkreis. Der Gründer und Leiter war nicht zugegen, aber sein Name fiel täglich.

Er studierte inzwischen in Göttingen. Mit einzelnen sprach er am Wochenende, so auch mit mir.

Es gelang ihm, mein Widerstreben gegen seinen Jugendkreis in Bodenfelde zu überwinden. Seine Bibelarbeiten waren methodisch dröge, aber er verstand es, die Gemeindegründungen des Paulus heute in der Gründung von Jugendgruppen abzubilden. Aus Korinth wurde plötzlich Dransfeld und aus Antiochia Bodenfelde. Die Landkarte mit den Reisen des Apostels Paulus am Schluss unserer Bibeln und die Grüße am Schluss seiner Briefe machten uns gewiss, Paulus im Wesentlichen verstanden zu haben.

Alle sechs Monate war Sprengeltreffen in der Göttinger Jugendherberge. Diese Wochenenden würden heute Vernetzung heißen. Jugendgruppen aus kleinsten Dörfern erlebten es: Wir sind ja viele! Wir sind nicht allein! Und junge Menschen entwickelten eine merkwürdige Reisefreude. Erwachsene fragten verwundert: Wozu für ein Wochenende von Aumühle nach Heidelberg fahren? Gibt es denn in ganz Hamburg keine netten Gleichaltrigen? Das Geheimnis war, dass die jungen Erwachsenen, die nach dem Abitur aus Aumühle zum Studium nach Heidelberg zogen, dort wieder Jugendarbeit anfingen, und zwar in demselben Geiste und als Teil derselben Geschichte. Nicht jeder in Heidelberg lernte Dieter Mascher kennen. Er setzte bereits Paulus in Südafrika fort. Er erklärte mir seine Entscheidung mit folgender Episode: Ein farbiger Christ aus Afrika begann sein Studium in Heidelberg. Die Wirtin zeigte ihm sein Zimmer. Sie entfernte die Stehlampe wieder mit der Bemerkung, eine Stehlampe hätte er ja zuhause im Busch schließlich auch nicht.

Klar, da muss man Missionar werden! Die Wurzeln dieser Konsequenz von Dieter aber liegen in der missionarischen Jugendarbeit im Kirchensprengel Südhannover. Ihr Horizont endet nicht an der Kirchentür der eigenen Gemeinde. Zehnjährige machen erste Erfahrungen mit der Universalität Christi, wenn sie in ihrer Bibel die Landkarten aufzuschlagen lernen: „Die Reisen des Apostels Paulus". Ein kleiner Wettbewerb frischt die Bibelarbeit auf: „Wer findet als erster Philippi? Und wo steht der Brief an die Philipper?" Zweifellos brauchen wir Kirchenvorsteher, die als Zehnjährige kleine Andachten zu machen lernten und im Dorf bleiben. Ebenso dringlich ist, dass Zehnjährige in der Evangelischen Jugend es üben: Missionarische Jugendarbeit hier setzt sich in der Weltmission fort. Das habe ich bei Dieter Mascher gelernt. Wir können Gott danken, dass er die Evangelische Jugend Südhannovers mit Dieter Mascher reich gesegnet hat!

Pastor Dr. Wolfgang Kubik

Geb. 1943 in Oberschlesien. Flucht nach Niedersachsen. In Bodenfelde Begegnung mit Dieter Mascher und der Ev. Jugendgruppe. Daraufhin Entscheidung zum Theologiestudium in Heidelberg und Göttingen. Promotion in Heidelberg. Dozent am Missionsseminar Hermannsburg. Pfarrer in Bergen-Belsen. Landeskirchenrat in Schaumburg-Lippe. Mitbegründer der Ev. Communität Koinonia. Ruhestand in Bovenden. Verheiratet mit Christine, geb. Michaelis; sie haben drei Söhne: Johannes, Andreas und Peter.

Geburtstagsbrief an meine Mutter

Konstantin Mascher

Reichelsheim, den 14. Februar 2013

Liebe Mama,

le chaim – auf das Leben! Auf Deinen Geburtstag! Auf 70 gute Jahre und ein ereignisreiches Leben darfst Du heute zurückschauen. Als jüngster Deiner Söhne möchte ich Dir danken für das Leben, das Du uns, das Du mir ermöglicht hast.

Der Tag meiner Geburt (im Jahr 1976) lag nur einen Tag vor Deinem Geburtstag. So eng wie diese beiden Tage beieinander liegen, so eng waren Tod und Leben miteinander verwoben. Denn an dem Tag, an dem ich entbunden wurde, war die Beerdigung Deines Sohnes Stefan, meines mit vier Jahren verstorbenen Bruders. Er war so alt wie meine Tochter Mirjam heute ist, und ich kann mir nicht vorstellen, was es bedeutet, ein Kind in diesem Alter zu verlieren. Wie hast Du die Gleichzeitigkeit all dieser Ereignisse bewältigen können: Der Schock, dass Stefan nach der letzten Herzoperation nicht mehr aufgewacht ist; meine Geburt, die genau auf den 9. Geburtstag von Alex, Deinem Zweitältesten fiel, und die Beerdigung von Stefan, an der Du nicht teilnehmen konntest; und Dein Geburtstag am Tag darauf?

Dennoch blieb meine Kindheit, wie ich empfinde, erstaunlich unbelastet von dem Gewicht dieses schicksalhaften Tages. Daran hast Du einen großen Anteil. Vor einigen Jahren stieß ich bei der Lektüre des namhaften Reformpädagogen Janusz Korczak auf das „Grundgesetz für das Kind". Das darin behauptete erste Grundrecht klingt zunächst befremdlich, enthält aber eine tiefe Wahrheit. Es ist das „Recht des Kindes auf seinen eigenen Tod". Korczak formulierte diesen Satz bewusst als kritisches Korrektiv angesichts einer von Ängstlichkeit dominierten Erziehungskultur. Du aber, die Du Dich selbst intensiv mit Pädagogik und Erziehung auseinandergesetzt hattest, Du hast dieses „Grundrecht" gelebt und hast es Stefan und mir zugestanden. Stefans Tod war sein Tod – und blieb es. Er durfte sterben, ich durfte leben. Heute weiß ich, was für ein Gnadengeschenk es ist, dass dieser Schatten mein Leben nicht verdunkelt hat. Dafür bin ich unendlich dankbar. Auch Dir. Ich erlebe in meinem Umfeld immer wieder, wie der Verlust, über den die Eltern nicht hinwegkommen, bleischwer auf der Familie lastet und der Tod des einen Kindes unterschwellig zum Tod aller wird.

Ich weiß nicht viel über Deine Trauer. Ich weiß nicht, wie es Dir gelungen ist, den einen Sohn loszulassen und den anderen innerhalb so kurzer Zeit aufzunehmen, ohne mich als Jüngsten mit übermäßiger Besorgtheit zu beladen. Du hättest mir mit dem Versuch, mich vor Gefahren zu bewahren, „dem Leben nehmen können", stattdessen hast Du mich ohne Vorbehalte dem Leben, wie es sich ergab, anvertraut. Das Leben geht weiter! – das war die stärkste Botschaft, die sich meiner Existenz eingeprägt hat. Ich weiß auch nicht, wer oder was Dich getröstet hat. Eure schwarzen Freunde gaben mir den Beinamen Kgomotso, was in ihrer Sprache Tröster heißt. Gewiss, ich war ein Trost, aber ich danke Dir, dass ich nicht Zeit meines Lebens als tröstender Ersatz für meinen Bruder herhalten oder eine Leistung einlösen musste, die er nicht hatte vollbringen können. Meine Welt gehörte mir, und heute noch zehre ich von der Erinnerung an eine Kindheit, der die Fülle der Zeit geschenkt war: Ich konnte in den Tag hinein leben, ganz im Hier und Jetzt, unbeschwert von dem, was vor mir gewesen ist und unbekümmert um das, was mich in der Zukunft erwartete. Auch dafür danke ich Dir, denn damit hast Du mir nach Korczak das zweite Grundrecht zugestanden: „Das Recht des Kindes auf den heutigen Tag."

Ihr habt mich Konstantin genannt, was soviel heißt wie der Beständige, Standhafte. Papa und Du, Ihr habt mir einen „eigenen" Stand zugestanden, mich früh meinen Weg gehen lassen und mich auch nie an meinen Brüdern gemessen, mir meinen Beruf, meine Ehe, meine Familie, meine Kommunität – stets ohne Vorbehalt – zugetraut. Dein Vertrauen in mein Leben war eine starke Kraftquelle. Heute, selbst vierfacher Vater, ahne ich, welche enorme Herausforderung es oft gewesen sein muss, mir auch das dritte Grundrecht zu gewähren: „Das Recht des Kindes, so zu sein, wie es ist."

Auch nach dem schweren Schicksalsschlag seid Ihr Eurer Berufung, in der schwarzafrikanischen Kirche Südafrikas zu dienen, treu geblieben. Ihr habt uns Söhnen den Alltag in der konfliktdurchtränkten Apartheidskultur zugemutet, ohne uns auf die sichere Seite zu verfrachten. Unter den Schwarzen, die mich nicht näher kannten, war ich als Weißer nur geduldet und unter den Weißen wurde ich misstrauisch beäugt, erstens weil ich Deutscher war und zweitens, weil ich gerne unter den Schwarzen lebte. „Das Kind zum Leben ermutigen und ihm das Leben zumuten" – diesem Leitsatz bist Du intuitiv gefolgt. Rückblickend kann ich sagen, dass ich vor allem von diesem Zumuten, diesem speziellen Ausdruck elterlicher Liebe und Wertschätzung profitiert habe. Ich erinnere mich noch sehr gut an die Montage. Da wart Ihr Eltern (fast) immer unterwegs. Nach dem intensiven Pfarrdienst am Wochenende brauchte Papa den Abstand und Ihr habt den freien Tag konsequent in Anspruch genommen. Oft seid Ihr am Sonntagnachmittag aufgebrochen und erst Montagnacht wieder zurückgewesen. Handys gab es noch keine. Weil die beiden älteren Brüder schon in einer anderen Stadt zur Schule gingen und uns Jüngeren die Variante mit der Übernachtung im Internat nicht behagte, blieben wir lieber allein zuhause. Diesem Wunsch habt Ihr den Vorrang vor Eurer Angst gegeben.

Es war ein Abenteuer, ich war damals Zweit- oder Drittklässler. Es kam vor, dass wir den Schlüssel verbummelten und ins Haus einbrechen mussten, und was die Mahlzeiten anbelangt – na ja. Als wir Dir an einem Muttertag mitteilten, von nun an morgens um 5 Uhr selbstständig aufzustehen, zu frühstücken, Pausenbrote zu schmieren und um 6 Uhr in den Schulbus zu steigen, bist Du, ohne mit der Wimper zu zucken, auf das Angebot eingegangen. Du hast auch eingewilligt, als ich mit meinen dreizehn Jahren, frisch eingeschult in der deutschen Schule von Pretoria, mich entschied, nicht ins Internat zu ziehen. Ich wollte mich bei Bekannten einquartieren, obwohl wir alle wussten, dass ich dort mit eigenem Eingang und eigenem Schlüssel kommen und gehen konnte, wie es mir beliebte. Erst jetzt, da meine Älteste bald ins Teenageralter kommt, dämmert mir das Ausmaß der Überwindung, die Dich das gekostet haben mag.

Doch nicht die Eigenständigkeit an sich, die ich mit großer Selbstverständlichkeit in Anspruch nahm, sondern Deine vertrauensvolle Zurückhaltung hat meine Freude am Leben genährt. Dass bei aller von mir eingeforderten und von Dir gewährten Autonomie doch Dein Zutun zur entscheidenden Wende in meiner Laufbahn führte, scheint mir heute ein Beweis dafür zu sein, dass mütterliche Fürsorge im Verborgenen nicht weniger, vielleicht sogar mehr, auszurichten vermag als alles geschäftige Kümmern. Nach dem Abitur wollte ich in Deutschland Architektur studieren und hatte vor, mich in Göttingen bei einer Tante einzuquartieren. Der Brief aber, der sonst auf dem Postweg zwei Wochen brauchte, war ein halbes Jahr unterwegs. Eine Alternative musste her, weil der Flugtermin immer näher rückte. Du hattest damals den Freundesbrief der Offensive Junger Christen bezogen und wolltest mir die OJC schmackhaft machen, in der angeblich ein Architekt namens Klenk mitlebte und überhaupt ziemlich viel gebaut wurde. Zu der Zeit hatte ich mit dem Glauben so gar nichts am Hut, machte einen großen Bogen um Gottesdienst und Kirche und hielt mit meiner Meinung darüber auch vor Dir nicht hinterm Berg. Zum Glück las ich den Rundbrief damals nicht so genau durch, sonst hätte ich mich nie auf eine Zwischenlandung in Reichelsheim eingelassen.

Um es kurz zu machen: In der OJC kam ich neu zum Glauben und wurde von der Idee des gemeinsamen Lebens infiziert. Dort lernte ich auch meine zukünftige Ehefrau kennen. Wir haben uns schließlich als Familie auf das Abenteuer eines unangepassten missionarischen Lebensstils eingelassen –

allerdings im Odenwald und nicht im afrikanischen Busch. Wenn ich jedoch heute auf mein eigenes Familienleben schaue und mich über meine Kinder freue, entdecke ich staunend, wie sehr Du mich, meine Haltung zum Leben, meine Haltung zu meinen Kindern geprägt hast. Gelegentlich ertappe ich mich dabei, ihnen in der allerbesten Absicht, mit meiner Fürsorge und meiner Sorge, die ich mir denn doch um sie mache, im Weg zu stehen. Und mir selber auch. Dann kommt mir in den Sinn, was ich von Dir gelernt habe: Das Leben selbst ist der beste Lehrmeister. So will auch ich lernen, ganz für sie da zu sein und sie freizugeben – so kann ich sie ins Leben lieben.

Es tut mir leid, dass ich Dir dies nicht schon viel früher gesagt habe. Und es ist schade, dass ich Dir keinen Anteil geben kann am quirligen Leben meiner Familie hier in Reichelsheim! Während ich das schreibe, liebe Mama, frage ich mich, an was Du Dich wohl noch erinnerst. Und was Du heute, an Deinem Siebzigsten, von meiner Sorge und meinem Wohlwollen für Dich mitnehmen wirst auf Deinen ganz eigenen, durch die fortschreitende Demenz immer kindlicher werdenden Lebensweg. Auch Eltern haben wohl „ein Recht auf den heutigen Tag". Das Leben, der große Lehrmeister, lehrt mich so eine besondere Lektion: Mich für heute über Dein Leben zu freuen, Dich dankbar und liebevoll loszulassen und – wie Du einst Deine Söhne – ganz dem Liebhaber des Lebens anzuvertrauen.

Danke für das Leben, das Du mir geschenkt hast.
Le chaim – auf Dein Leben!

Dein Konstantin

Konstantin Mascher

(Jahrgang 1976) ist der jüngste Sohn von Maria und Dieter Mascher. Er ist Prior der ökumenischen Kommunität „Offensive Junger Christen" (OJC) in Reichelsheim/Odenwald und Greifswald und lebt seit 2004 mit seiner Frau Daniela, einer diplomierten Physikerin, in der OJC. Sie haben vier Kinder.

Bild 1: Dieter Mascher,
Student der Theologie in Göttingen
Foto: Archiv B. Baumann

Bild 2: Dieter und Maria Mascher
1964, vor ihrer Ausreise nach Südafrika.
Foto: Archiv B. Baumann

Bild 3: *Dieter Mascher in seinem Wohnzimmer in Bobuhampya*
Foto: Archiv B. Baumann

Bild 4: *1. Reihe: Pastor Dieter Mascher, Pastor N.T. Diale, Bischof E.R. Tisane ,
Bischof (emer) M.M.Ditlhale, 2. Reihe: von links Pastor S.N. Zazini, Pastor S.Pregitzer,
Pastor G. Mascher.*
Foto: Maria Mascher

Bild 5: *Die Delegation des South African Native National Congress nach England im Juni 1914. Thomas Mapike, Rev Walter Rubusana, Rev John Dube, Saul Msane, Sol Plaatjie (v.l.n.r) Fotograf unbekannt (via ZAR.co.za/Wikimedia Commons)*

Bild 6: *Dieter lernte als Kind Russisch von seiner Großmutter(mütterlicherseits). Er war immer stolz auf diese Geschichte. Sein ältester Sohn Peter Mascher hat diese russischen Puppen bemalt und damit diese Tradition aufleben lassen.*

Bild 7: *Maria und Dieter Mascher in Vryburg 1999, ihr letzter Einsatzort und Ruhestand*
Foto: Archiv B. Baumann

Bild 8: *Großmutter mit Enkel, Schicksal in vielen Familien. Skulptur aus Zimbabwe, Nachlass Dieter Mascher. Foto: E. Bokelmann*

Einfache Menschen ebenso verstehen wie schwierige Zusammenhänge

Nina Dürr

In Dieter Maschers Arbeitszimmer stand diese Figur eines Künstlers aus Zimbabwe.

Sie ist für mich ein Zeichen, in welcher Weise Dieter sich den Menschen in den Dörfern und Gemeinden zuwandte. Er war sicher ein begabter Sprachwissenschaftler und ein Kirchenmann mit Weitblick. Den Menschen, die zu ihm kamen, egal, ob es der Bischof war oder eine Frau, die „nur" ihr Wassergeld bringen wollte, begegnete er mit Hochachtung und Würde und einem liebenden Blick für ihre Situation. Er unterrichtete die schwere Tonsprache Tswana und wollte den Lernenden soviel mitgeben, dass sie einfache Menschen ebenso verstehen wie schwierige Zusammenhänge.

Diese Figur drückt etwas von dem Schicksal der Menschen aus, mit denen Dieter und Maria Mascher lebten und arbeiteten. Sie zeigt eine alte Frau, die auf dem Boden sitzt. In ihrem Arm hält sie ein Baby und mit der anderen Hand greift sie nach ihrem Kopf, wie um ihn zu stützen. Wer hat ihr das Baby in den Arm gelegt? Ihre Geste zeigt etwas wie Erschöpfung. „Soll ich nun wieder einem kleinen Menschen ins Leben verhelfen?"

Zwei historische Entwicklungen, in denen Dieter und Maria in Afrika lebten, sind mit dieser Figur beschrieben. In der Zeit der Organisation von Bantustans für „Schwarze" und den Umsiedlungen von Menschen aus den „weißen" Wohngebieten wurden viele Familie zerrissen. Um Arbeit zu finden, zogen die Menschen, Väter und Mütter an die Ränder der Industriestädte. Dorthin konnten sie die Kinder damals meist nicht mitnehmen. So wurden die Kinder den Großeltern gegeben, damit diese sie versorgen. Viele der Menschen, die umsiedeln mussten, blieben um der Arbeit willen im städtischen Raum und brachten ihre die Kinders aufs Land zu Verwandten.

Später starb eine Generation junger Erwachsener und Jugendlicher durch die Pandemie HIV-AIDS. Erst nach Jahren gab es Hilfe durch Medikamente. Die jungen Eltern und jungen Menschen, die diese Krankheit hatten, wussten sich oft nicht anders zu helfen, als ihre Kinder unterzubringen. Viele brachten sie zu den Großeltern, oft alleinstehende Großmütter.

So haben immer wieder alte Frauen eine weitere Generation von Kindern aufgezogen. Dies ist eine große Belastung, Kinder in eine fremde Zukunft zu begleiten, ohne die Gegenwart schon ganz zu begreifen und zu bewältigen.

In diesen Jahren hat Dieter Menschen in Gemeinden begleitet. Er hat auch Pastoren beraten und ihnen geholfen. Maria, seine Frau, begann bald nach ihrer Ankunft Kindergärten aufzubauen, von denen es damals wenige gab. Durch die Pädagogik von Maria Montessori hat Maria den Kindern eine Möglichkeit gegeben, selbst Bildung zu ergreifen und zu entdecken. Maria und Dieter haben immer wieder besonders für diese Menschen Wege eröffnet, um mit den widrigen Umständen zurecht zu kommen.

Deshalb ist diese Figur für mich eine Erinnerung an diese beiden besonderen Menschen.

„We lost a warrior in Mascher"

Obakeng Maje

Fluent in Tswana, he dedicated his life to the African child and never allowed any challenges to stand in his way.

Published Nov. 18th 2015 in The New Age

Worth emulating: the late German-born Dietrich Mascher died as a South African, touching people's lives. The Pan South African Language Board in the province has said the death of philanthropist Dietrich Mascher was a huge blow but his life was worth celebrating. Mascher was born in 1937 and grew up in Bodenfelde village in Western Germany. He studied theology at Heidelberg and Göttingen from 1957 until 1963. He joined the Hermannsburg Mission of the Evangelical Lutheran Church where he learnt Tswana to the point of teaching the language. Mascher was buried in Jericho near Brits at the weekend.

The PanSouth African Language Board (Pan SALB) provincial spokesperson, William Manana said: "It is with great sadness to lose a person of Dietrich Mascher's calibre." Mascher was a recipient of the PanSALB Multilingualism Award (2009-2010). He came to the country and contributed towards the development of Tswana. "We encourage people to learn from Mascher's life. He came all the way from Germany and defied all odds. He spoke the Tswana language fluently," Manana said.

"Mascher registered for a one-year language study, which was largely Setswana, at Witwatersrand University shortly after he arrived in the country." Since 1966, he worked in various places in the Tswana language area as a pastor. In 1972, he was elected as a dean for a six-year period. "In 1979, he was asked to train young missionary couples in Setswana. He had since then taught the course to many others, mostly to people from a foreign background. "He conducted the studies at Wits, but had many innovations especially where Tswana was taught consistently as a tonal language."

Manana pointed out that the positive reactions from Mascher's students led him to delve deeper into the issues of language use and policy in South Africa.

"Another important milestone for his interest in language policy was teaching a course in Hebrew in 1983 and 1984 through the medium of Tswana, which led to interests in other African languages like Oromo (the third largest language in Africa). "A subsequent visit to Prof B Heine in Cologne was extremely instructive. Reading the Perestroika in 1987 and other books on Leninist policy, especially G Simon's important book, Nationalismus and

Nationalitätenpolitik in der Sowetunion (BadenBaden: 1986) made a great impact on him." An initiative of language practice was spearheaded by pastors in Kgetlheng circuit. The initiative was later joined by teachers to open up the discussion of language use, especially in education.

Bishop Marcus Ditlhale said: "We lost a warrior in Dietrich Mascher. He never let any challenges stand in his way.

"He was born a German, but died as a South African. Mascher dedicated his life to developing the African child. He was deployed at a Hermanns-burg Mission. He worked over 40 years and administered in Tswana." He learned Tswana and spoke it with eloquence and precision. Mascher was a researcher in issues of mother tongue education with European experience. "He visited countries like Germany, Serbia and Ireland. He also played a pivotal role in influencing the Batswana and authorities to apply mother tongue education. He also served as an advisor in the office of the MEC for education on language in education in the province," he said. Mascher was the first foreigner to serve on the Tswana National Language Board for over six years. He was also a former director of the board of governors for the then Setswana Academy in the erstwhile Bophuthatswana.

Obakeng Maje

was born and bred at a small village called Manthe Village in Taung, North West and began his schooling at the Moshosho Primary School before he went to do his Standard 5 at Kebinelang Middle School. He was raised by a single parent under abject poverty, but he believed that the background could not determine his destiny. He completed his matric at Walter Letsie High School and went to Johannesburg and worked as a security guard for a period of five years, while he studied Media Studies and Journalism at Gauteng School of Management college in Johannesburg, South Africa.

He has worked for a number of newspapers in South Africa called Daily Sun and worked for the now defunct, The New Age newspaper. Currently working as a journalist for Newsnote News Agency.He lives in Taung/North West Province, South Africa

Moruti Dieter Mascher - ein Mann der Sprache

Ishmael Motswasele

Erste Eindrücke

1964 war ich Student in unserem theologischen Seminar Marang. In den Tagen hörten wir Studenten, dass kürzlich ein junger Missionar aus Hermannsburg angekommen sei. Ihn einmal sehen zu können, war unser größtes Begehren. Die Neugier war verständlich, nahmen wir doch an, dass er in unserer zukünftigen Arbeit der Kirche unser Kamerad sein würde, er war doch jung wie wir. Wir erwarteten Zusammenarbeit von ihm. Glücklicherweise und unerwartet erschien er in Marang mit unserem Lehrer. Da sahen wir ihn ganz kurz, in unmittelbarer Nähe. Von Dieter Mascher nahm ich Folgendes wahr:

- Er war tatsächlich noch jung.
- Er bewegte seinen Kopf und Körper so schnell wie ein kleiner Vogel auf dem Ast eines Baumes. Daher erschien er mir sowohl kraftvoll als auch tatkräftig.
- Er schien jemand zu sein, der mit seiner körperlichen Kraft bereit war, mit sinnvollen Arbeiten zu beginnen, trotz der Tatsache, dass die fremde Sprache und hier sogar das fremde Land ihn benachteiligen würden.

Durch diese Beobachtungen sah ich einen neuen, wunderbaren Missionar.

Ein Mann der Sprachen

Weil Dieter Mascher so tatkräftig war, kam er bald zu uns nach Marang und meldete sich freiwillig, dass er bereit sei, uns Hebräisch zu unterrichten. Sehr angenehm war das! Es waren die Pastoren M.Mahamba, E. Modisane und I. Motswasele, die er unterrichten wollte. Sechs Monate beschäftigten wir uns mit Hebräisch. Obwohl er als Dean von Kgetleng vieles zu tun hatte, kam er immer begeistert zu uns und war eifrig beim Unterrichten. Ich unterrichtete das Alte Testament in Marang, dabei muss man auf jeden Fall diese alte Sprache kennen. Der Hebräischunterricht von Dieter gab mir wichtige Grundlagen; das nutzte ich später während meines Sabbatjahres und lernte die Sprache weiter auf der Universität Marburg. Heute ist es für mich ganz einfach, die Bedeutung eines hebräischen Wortes im Wörterbuch zu finden. Was für eine Hilfe von Dieter Mascher. Kann man so etwas vergessen?

Sich ausweisen (a itshupa)

Ende 1966 absolvierte ich mein Studium und sah ihn lange Zeit nicht. 1967 war ich ein Neuling im Dienst der Kirche. Doch Ende 1971 wurden Dieter

Mascher und ich als neue Mitglieder des Kirchenrates (ELCSA - TSWANA - REGION) gewählt. Das gab uns die Gelegenheit, ab und zu in Sitzungen zusammen zu kommen. Kurz nach unserer Wahl wurde er als Superintendent des großen und dicht bevölkerten Kirchenkreises Odi-Moretele gewählt, nördlich von Pretoria. Er selbst war in Jericho stationiert. Es war ein ländlicher Kirchenkreis, ohne irgendwelche Infrastruktur. Es gab kein Telephon. In einem solchen Gebiet zu arbeiten, verlangte viel Zeit und Kraft, weil man lange Zeit nicht zu Hause sein konnte. Trotz all dieser Herausforderungen war das für Dieter Mascher das Richtige. Er meisterte alle Schwierigkeiten. Das zeigte sich auch bei unseren Sitzungen. Seine Berichte darüber, wie er in seinem großen Kirchenkreis wirkte, waren sehr belebend und zeigten, welche Begabungen er für die kirchliche Arbeit hatte. Er konnte den Kirchenkreis gut vertreten. Ich selbst war für das Protokoll verantwortlich und hörte, dass er schon bald die fremde Sprache gemeistert hatte. Auch die Lebensart der ländlichen Einwohner störte ihn nicht. Weil sein Kirchenkreis zu groß war, wurde er später zweigeteilt, in Odi und Moretele.

So hatten sich meine ersten Beobachtungen im Jahre 1964 als zutreffend erwiesen.

Die ersten Kirchenkreissitzungen

Zunächst gab es auch keinen Kirchenkreisrat, doch 1974 wurden solche Sitzungen eingeführt. Jeder Kirchenkreisrat bestand nur aus drei Mitgliedern: Superintendent und zwei Pastoren, nämlich Pastor P. Mokoma und ich,I. Motswasele. Etwa um 19.00 Uhr fingen wir mit unserer ersten Sitzung in Jericho an. Sie dauerte bis 24.00 Uhr. Wir konnten es nicht glauben, denn danach musste ich erst Mokoma nach Bapong und dann zu mir nach Ga-Rankuwa fahren. Ich kam nach 2.00 Uhr nachts an. Das war aber für Dieter Mascher nicht wesentlich, denn für ihn war die Vollendung der Arbeitsvorhaben das Wichtigste.

Zeit

Wir wissen, dass für die Europäer Zeit sehr wichtig ist. Bei Dieter Mascher schien das doch etwas anders zu sein. Es ist oft vorgekommen, dass er früh morgens oder abends an der Tür klopfte und ein Dienstgespräch mit dem Pfarrer verlangte, das normalerweise lange dauerte. Doch die Pastoren waren damit einverstanden, denn sie verstanden seinen Eifer in seiner Arbeit. Sie wussten es und akzeptierten es auch, dass er jederzeit bei ihnen anklopfen konnte. So kannten wir ihn und merkten, dass ihm die Lust sich auszuruhen, doch ziemlich fremd war. So war Missionar Dieter Mascher.

Neues Gebiet

Er war schon im fortgeschrittenen Alter, als er sich für eine neue Arbeit in einem ihm fremden Gebiet zur Verfügung stellte. Er wurde nach Vryburg versetzt, also in eine Gegend, wo unsere Kirche noch nie gewirkt hatte. Dort musste er sich intensiv mit dem Aufbau von Kirchen und Gemeinden befassen. Sofort begann er damit, neue kleine Gemeinden zu gründen: Vryburg, Ganyesa, Tlakgameng und Morokweng sind nur einige von ihnen. Er war ein wunderbarer Pastor bei dieser Arbeit. Die neue Gegend Vryburg kostete ihn viel Kraft, doch er hinterließ unserer Kirche dort einen wunderbaren eindrucksvollen Gemeindeaufbau.

Pastor Ishmael N- Motswasele

wurde 1938 in Lekubu, einem kleinen Dorf in der Nähe von Zeerust, der heutigen Nordwest Provinz von Südafrika geboren. Er studierte Theologie am theologischen Seminar der Evangelisch lutherischen Westdiözese (genannt ELC-SA). 1975 wurde er als Austauschpastor nach Deutschland in die Ev. Kirche von Kurhessen-Waldeck gesandt.

Er lebte fünf Jahre mit seiner Familie in der Nähe von Kassel. Nach seiner Rückkehr war er als theologischer Lehrer, Superintendent und Bischofsvertreter tätig. Einige seiner Predigten sind in zwei Bänden veröffentlicht worden, einer davon auf Deutsch unter dem Titel „Lernt vom Feigenbaum".

Meine Erinnerungen an Reverend Dieter Mascher

Christoph Zöller

Ich kam in den 1990er Jahren nach Taung (in der Nord West Provinz) und beschloss, Tswana zu lernen. Ich fand vor Ort einen Lehrer, der mir half, Tswana auf Anfängerniveau zu sprechen.

In den ersten Jahren des neuen Jahrtausends zog dann Reverend Mascher nach Vryburg, etwa 80 km nördlich von Taung. Wir lernten ihn durch einen gemeinsamen Freund kennen. Er bot sofort an, mir und anderen aus der Fokolar-Bewegung Tswana beizubringen. Wir besuchten ihn zu Hause, wo wir auch seine Frau Maria kennen lernten. Maria empfing uns herzlich und bot uns Erfrischungen an. Ich werde Maria, die diese Erde vor Dieter Mascher verließ, immer in guter Erinnerung behalten. Sie war ein freundlicher und warmherziger Mensch und stets bereit, der Familie und der Kirche zu dienen.

Rev. Mascher erklärte uns, wie man Tswana als Fremdsprache lernen sollte und seine Unterrichtsmethoden. Er war überzeugt, dass das Verstehen der Sprache unerlässlich sei, um die Kultur der Tswana zu verstehen. Er erzählte uns, dass er dabei wäre, einen drei- bis fünfjährigen Kurs für ausländische Lernende zu entwickeln. Sein Kurs war sehr systematisch und beinhaltete Grammatik, Lese- und Sprechübungen.

Wir trafen uns ein Mal pro Woche mit unserem Sprachlehrer und lernten, dass es verschiedene Tonlagen und ein Sieben-Vokal-System gab. So entwickelte ich mit der Zeit ein viel tieferes Verständnis von dieser Sprache.

Mein Unterricht mit Rev. Mascher war auch deshalb wichtig, weil wir weit mehr als nur die Sprache lernten, nämlich wie die Sprache im Zusammenhang mit der Kultur gebraucht wird und wie Wörter und Redewendungen je nach situativem Kontext unterschiedliche Bedeutung haben können.

Während unserer gemeinsamen Zeit tauschten wir uns über unsere Familien und Aktivitäten aus. Sogar meine Familie besuchte er in Deutschland und sprach oft über seine Familie. Seine Kinder lernte ich durch kleine Geschichten kennen, die er von ihrem Aufwachsen erzählte. Er war sehr an dem Ausbildungszentrum für Tischler interessiert, das ich in Taung leite und nahm auch an einigen Workshops mit mir teil. Er lud mich in seine Kirche ein und wir besuchten auch andere Gemeinden. Oft kam er nach Taung, um mich mit Maria zu besuchen. Er organisierte Einkehrzeiten mit anderen Pastoren in unseren Räumen. Dann besuchte er uns auch mit seinem Bischof und anderen Pastoren, so dass wir Zeit hatten, viele Themen zu diskutieren, von praktischen Fragen bis hin zur Theologie. So wurden wir gute Freunde.

Meinen Freund Dieter Mascher werde ich immer in guter Erinnerung behalten, vor allem wegen seines grossen Engagements, die Sprache und die Kultur der Tswana zu verstehen und sein Wissen an andere weiterzugeben.

Christoph Zöller

Schreinermeister, lebt seit 1994 in einer Kommunität der Fokolare Taung/Südafrika. Er bildet junge Tswana in einem Handwerkszentrum der katholischen Kirche aus, so dass sie als Handwerker leichter Arbeit in der Industrie finden oder sich selbständig machen können. Ursprünglich kommt Christoph Zöller aus Mönchsberg in Franken.

Er gab uns den Schlüssel zu den Menschen

Undine Rauter

Dieter kam zur Türe rein und suchte nach einem starken Stuhl, auf den er sich setzte. Er legte den braunen, abgewetzten Papp-Koffer auf einen anderen Stuhl vor sich und öffnete den Deckel. Heraus quollen alle möglichen Papiere. Bald hatte er das Gesuchte gefunden und hängte ein großes A3 Blatt mit vier Köpfen an das nächste Regal. Es konnte losgehen.

Dieter legte nun verständlich für jede(n) dar, dass jeder Mensch verschieden ausgestattet ist, was die sprachliche und mathematische-naturwissenschaftliche Begabung angeht, und warum muttersprachlicher Unterricht entscheidend für das Lernen allgemein ist, für die Entwicklung von mathematisch-technischen Begabungen und für das Erlernen von Fremdsprachen. Von dort ging es zur Sprachpolitik in Südafrika, Litauen, Russland und Finnland mit einem großen Bogen zu einem weiten Blick auf das Schulsystem und die Fragen der zukünftigen Jugendarbeitslosigkeit in Südafrika.

Dieter hat sich mit großer Ausdauer und Fachkenntnis mit Sprachpolitik, Schulsystemen und Konsequenzen der kolonial entfremdeten Unterrichtspraxis beschäftigt. Sein Traum war, dass der muttersprachliche Unterricht auch in Südafrika eingeführt würde. Endlich würde dann deutlich werden, dass auch hier hochgabte Menschen zu finden sind, die muttersprachlich ausgebildet kompetent die Geschäfte führen könnten.

In vielen seiner Analysen war Dieter seiner Zeit voraus. Oft schien er uns wie ein einsamer Rufer in der Wüste. Manches konnte die Gesellschaft (noch) nicht aufnehmen. Durch das Erbe der Apartheid war der Weg der muttersprachlichen Schulbildung jedoch zu vorbelastet, als dass die Regierung diese Vorschläge hätte umsetzen können. Dennoch wurde Dieter nie müde, immer wieder auf Sprachkonferenzen diese Themen und Vorschläge zu präsentieren. Seine Begeisterung und Hochbegabung in Sachen Sprache war nicht zu überhören. Er war ein echter Linguist.

Dieter war aber auch Missionar, ein geistlicher Mensch und treues Mitglied der Koinonia. Er kam 1964 mit Maria Mascher nach Südafrika, um hier seine Hingabe an Gott zu leben. Als Pastor unterstützte er die hiesige Kirche, die ELCSA. Er erlebte die Hoch-Zeit der Apartheid, deren Fall und den politischen Wandel in die demokratische Gesellschaft hinein. Die tägliche Meditation war ein fester Bestandteil seines Lebens. Bei seinen Deutschlandaufenthalten warb Dieter für Laien-Missionare, Menschen, die als bewusste Christen ihren Beruf als Gabe in Südafrika einbringen wollten. Er hat einige Missionare ins Land gerufen, aber auch uns als Mitglieder der Communität Koinonia. Um sinnvoll in Südafrika zu arbeiten, war es nötig, die heimische Sprache so gut wie möglich zu lernen. Dieter diente der Kirche, der Mission und uns als Sprachlehrer. Es war ein großes Privileg, dass wir bei Dieter die Tswana-Sprache lernen durften. Er gab uns den Schlüssel zu den Menschen, wofür wir ihm immer dankbar sein werden.

Im Tswana-Unterricht vergaß sich Dieter völlig. Er wurde das Sprachrohr für die Vermittlung der schönen und auch schweren Sprache für uns und verstand es, uns in ihren Bann zu ziehen. Es gibt Vokabeln, die er so plastisch darstellte, dass man sie einfach nicht vergessen kann: Er lehrte dramaturgisch. Wir hatten Tswana-Unterricht an den unmöglichsten Orten: in einer Halle bei einem Retreat - Wochenende, im Keller der Deutschen Gemeinde, in einem Gästehaus, unter einem Schattendach – sogar auch mal bei einem Aufenthalt in Deutschland. Jede Möglichkeit wurde genutzt.

Als Pastor in der ELCSA hat Dieter bescheiden und entschieden seinen Dienst getan, mit der treuen Hilfe von Maria, bis ins hohe Alter hinein. Er hatte viele Stellen inne, kleine und große. Er war Pastor in Farmgemeinden, war Superintendent(Dekan), stellvertretender Bischof, Berater, und auch Kirchbauer. Durch seine Gründlichkeit gelang es ihm, oft mit wenig Mitteln viel zu schaffen. Eines seiner Prinzipien war, so zu arbeiten, dass jeder nachfolgende einheimischer Pastor oder Pastorin mühelos seine Arbeit fortsetzen konnte. Er schaffte Strukturen und Vertrauen. Er setzte sich für die Menschen in den Dörfern und unteren Gesellschaftsschichten und für ihre Rechte ein. Zum Beispiel machte es ihm wenig aus, für etwa zehn Gemeindeglieder zwei Stunden Sandstraße auf sich zu nehmen. Unter den Tswanas war Dieter ein geschätzter Ratgeber, Pastor und Gelehrter. Er war immer auf dem neuesten Stand, was Politik und Bildung anging.

Dieter war ein beeindruckender Mann, mit genialer Sprachbegabung, aber auch starken Begrenzungen auf anderen Gebieten. Maria stand ihm besonders in diesen Begrenzungen immer hilfreich zur Seite. Mit zunehmendem Alter und abnehmenden Kräften lernte Dieter aber noch Neues dazu, sowohl auf seinem Spezialgebiet der Sprachen, wo er sich die letzten Jahre mit der Khoisan-Grammatik beschäftigte, als auch auf dem Gebiet seiner Begrenzungen. Die Zeit der Krankheit von Maria und später die der eigenen hat uns eine neue Seite an Dieter kennenlernen lassen. Sein Leben hat sich mit seiner langen Krankheit abgerundet und vollendet.

„Robala ka kagiso, Mokwena!" Schlafe in Frieden, Mokwena – dieser Name bedeutet „der das Krokodil ehrt" in der Sprache der Bakwena, einer Untergruppe der Tswana, unter denen Dieter und Maria Mascher ihren Dienst in Südafrika begonnen haben.

Undine Rauter

kam 1994 nach Südafrika. Dieter Mascher unterrichtete sie 1994/95 in Phalane/Ramokokastad in der Tswana-Sprache. Anschließend übernahm sie im Gelukspan District Hospital, einem Landkrankenhaus 50 km außerhalb von Mafikeng, die Leitung der Rehabilitations-Abteilung. Bis heute hat sie dort mit Mitarbeitern der Klinik etliche Programme für Kinder mit Behinderungen und deren Familien aufgebaut. Sie gehört zur Koinonia und lebt im Haus der Communität/Koinonia in Mafikeng.

Biographie von Dieter Mascher

1937	geboren als ältestes Kind von Ludwig und Ilse Mascher in Bodenfelde
1939-45	Zweiter Weltkrieg
1946	Dieter lernt Russisch bei seiner Grossmutter
1943-47	Volkschule Bodenfelde, Private Oberschule Lippoldsberg,
1948-54	Max –Planck- Gymnasium Göttingen bis zum Abitur
1954-63	Studium der Theologie in Heidelberg und Göttingen Hochzeit Maria und Dieter Mascher, Buchholz 1964 Vikarzeit/ Ausreise nach Südafrika
1964-65	Sprachstudium in Tswana und Südsotho an der Witwatersrand Universität/Südafrika bei Professor D.T. Cole
1966	2. Examen und Ordination in Bodenfelde/Göttingen
1966	Ausreise nach Südafrika
1966-75	Beginn als Missionar in Jericho/RSA -
1966	Geburt von Peter Mascher
1968	Geburt von Alexander Mascher
1971	Geburt von Gregor Mascher
1973	Geburt von Stephan Mascher , gestorben 1976
1973-77	Wahl zum Superintendenten des Odi-Moretele Kirchenkreises
1976-80	Pastor der Gemeinde in Brits , Wahl zum Amt des Superintendenten des Odi Kirchenkreises
1976	Geburt von Konstantin Mascher ,Tod von Stephan Mascher im Alter von drei Jahren
1978-89	Superintendent des Kirchenkreises Odi
1981-84	Superintendent des Kirchenkreises Tlhabane
1985-92	Superintendent des Kirchenkreises Kgetleng Reisen nach Russland, Estland,Finnland, Polen , Baltikum
1981-92	Pastor von St. Katharina Bobuampya/Rustenburg
1985-92	Wahl zum Amt des stellvertretenden Bischof der Westdiözese(ELCSA)
1993-99	Pastor in Phalane / Ramokoka Stad
1999	Umzug nach Vryburg,
1999-2002	Pastor in Huhudi und Reise nach Äthiopien
2002	Beginn des Ruhestands, Veröffentlichung eines Buches über die Sprachpolitik der Kirche,im Auftrag von Bischof M. M.Ditlhale Arbeit an dem Lehrbuch für Setswana (als Zweitsprache)
2009	bekommt Dieter den Preis für Setswana bei PanSAlb, (Pan African Language Board)
2013	Maria Mascher stirbt am 22. Dezember, begraben in Jericho/RSA
2015	Dieter Mascher stirbt am 6.11., begraben in Jericho/RSA